60
O ADEILADAU
RHYFEDDOL

yr Ymddiriedolaeth Genedlaethol

60
O ADEILADAU
RHYFEDDOL
yr Ymddiriedolaeth Genedlaethol

DR ELIZABETH GREEN
CYFLWYNIAD GAN GEORGE CLARKE

Gyda chofnodion gan Frances Bailey, Rupert Goulding, James Grasby, Sally-Anne Huxtable, Mark Newman, Stephen Ponder, Lucy Porten, George Roberts, Simon Robertshaw ac Emma Slocombe

Ymddiriedolaeth Genedlaethol
National Trust

Cynnwys

Cyflwyniad gan George Clarke

Un o'm hatgofion cynharaf yw edrych mas drwy ffenestr fy ystafell wely a gweld strwythur pensaernïol rhyfedd, yn uchel ar fryn, ymhell ar y gorwel. Roeddwn i'n tua phedair blwydd oed mae'n siŵr – o, mor ifanc. Allwn i ddim penderfynu beth oedd y strwythur 'ma. Roedd cymaint o ddirgelwch ynghlwm wrtho. Gallwn i fod wedi gofyn i'm rhieni beth oedd e, ond am resymau nad ydw i wedi'u deall erioed, wnes i fyth.

O'r ongl roeddwn i'n edrych arno, roedd y proffil a'r silwét yn debyg i ddau fin sbwriel Americanaidd enfawr (fel y rhai roeddwn i wedi'u gweld ar y cartŵn Americanaidd *Top Cat*), gyda ffliwtiau fertigol a thopiau trionglog. Roeddwn i wir yn meddwl taw dyma lle'r oedden nhw'n mynd â'r holl sbwriel o'r dref.

Ond beth roeddwn i'n edrych arno mewn gwirionedd oedd Cofeb Penshaw. Nid adeilad arferol mo hwn. Mae ei gynllun yn seiliedig ar Deml Hephaestus yn Athen – teml detrastyl o'r dull Dorig. Pam ar wyneb y ddaear fod 'na deml mewn arddull Roegaidd wedi'i hadeiladu ar fryn yn ninas ôl-ddiwydiannol Sunderland?

Mewn gwirionedd, heneb Fictoraidd restredig Gradd I yw Cofeb Penshaw, a adeiladwyd ym 1844–5 i goffáu John Lambton, Iarll 1af Dyrham, ac mae'r Ymddiriedolaeth Genedlaethol yn berchen arno ac yn ei gynnal ers 1939. Yr hyn sydd mor bwerus amdano yw bod pawb yn y ddinas yn dwlu ar 'Pensha'. A phan dwi'n dweud 'dwlu', dwi wir yn meddwl hynny. Mae'n aelod o'n teulu estynedig yng ngogledd Lloegr. Mae'n ymddangos ar fathodyn ein clwb pêl-droed annwyl, mae pobl yn dyweddïo o'i flaen, mae lludw'n cael ei wasgaru yno, ac mae straeon chwedlonol yn cael eu hadrodd amdano.

Mewn sawl ffordd, mae'n symboleiddio ac yn adlewyrchu cymaint am y rhan benodol hon o ogledd-ddwyrain Lloegr a chymeriad y bobl sy'n byw yma. Mae'n adeiledd cadarn, gwydn, dygn, ond mae iddo hefyd brydferthwch gosgeiddig. Mae'n adeilad a gafodd effaith ddofn ar fy mywyd, ac roedd yn sicr yn un o'r darnau cyntaf o bensaernïaeth a'm hysbrydolodd i ddod yn bensaer. Mae'n gwneud i mi chwerthin nawr 'mod i, fel crwtyn pedair oed, wedi camgymryd y ddau bediment trionglog clasurol (a eisteddai'n ddestlus ar bwys ei gilydd o'r lle roeddwn i'n edrych) am gaeadau bin sbwriel, a'r bylchau

Gyferbyn · George yn ymweld â'r Tai Clogwyn yn Kinver Edge, Swydd Stafford, tra'n ffilmio *George Clarke's National Trust Unlocked* yn 2020.
Wyneblun · Abaty Fountains, Gogledd Swydd Efrog (tudalennau 26–9)
Tudalennau 4–5 · Ickworth, Suffolk (tudalennau 116–17)

rhwng y colofnau Dorig am y ffliwtiau ar wyneb dau faril biniau sbwriel enfawr! Yn ffodus, fe wellodd fy sgiliau arsylwi gydag oedran.

Sawl blwyddyn yn ddiweddarach, yn 2020, yn ystod y cyfnod clo Covid cyntaf, gofynnodd Channel 4 i mi a allwn i wneud cyfres deledu a fyddai rywsut yn cydymffurfio â'r holl gyfyngiadau llym yr oedd y llywodraeth wedi'u rhoi ar waith ar y pryd. Yr union ddiwrnod hwnnw, roeddwn i wedi gweld yn y newyddion fod yr Ymddiriedolaeth Genedlaethol wedi gorfod cau ei thai i'r cyhoedd. Bob blwyddyn, mae 27 miliwn o ymweliadau'n cael eu gwneud i adeiladau a gerddi'r Ymddiriedolaeth Genedlaethol, ond deuai'r holl ymweliadau hynny â'i heiddo hanesyddol i stop gyda Covid-19. Allan o'r sefyllfa dorcalonnus hon, fodd bynnag, daeth y cyfle mwyaf annisgwyl. A fyddai'r Ymddiriedolaeth Genedlaethol yn fodlon datgloi ei drysau i adael i mi archwilio rhai o'i lleoliadau hyfryd, fel y gallai pawb yng ngwledydd Prydain eu profi drwy hud y teledu tra'u bod nhw'n gorfod aros adref? Diolch i'r drefn, 'iawn' oedd ateb yr Ymddiriedolaeth.

Dros yr ychydig fisoedd nesaf bues i'n byw mewn swigen gyda thîm ffilmio bach iawn, yn teithio o gwmpas gwledydd Prydain yn ffilmio

chwech o'r rhaglenni hyfrytaf ond rhyfeddaf dwi wedi eu gwneud erioed – *George Clarke's National Trust Unlocked*. Doedd dim pobl o gwmpas, dim ceir, dim awyrennau uwchben i wylltio'r person sain, ac roedd gennym fynediad i rannau o'r adeiladau rhyfeddol hyn nad oedd y cyhoedd erioed wedi'u gweld o'r blaen.

Roedd pob rhaglen yn talu sylw i adeilad anarferol (fel Tai Clogwyn Kinver Edge yn Swydd Stafford, anheddau olaf yr ogofwyr yn Lloegr), un o erddi'r Ymddiriedolaeth Genedlaethol (fel y gerddi dŵr hyfryd o bensaernïol a ffurfiol ym Mhlas Westbury yn Swydd Gaerloyw, sy'n dyddio o'r 17eg ganrif), un o lwybrau

cerdded yr Ymddiriedolaeth Genedlaethol (fel y daearegol drawiadol Fae Studland a Chreigiau Old Harry yn Dorset) ac, yn olaf, un o blastai'r Ymddiriedolaeth Genedlaethol (gan gynnwys fy hoff un o blith adeiladau'r Ymddiriedolaeth Genedlaethol, Cragside yn Northumberland). Rhaid i mi grybwyll hefyd ein hymweliad â Hen Blasty Washington, Tyne a Wear, cartref cyndeidiau George Washington, arlywydd cyntaf yr Unol Daleithiau, yr ymwelais ag ef yn rheolaidd wrth hyfforddi fel prentis pensaernïol ar ôl troi'n 16 oed. Mae rhannau cynharaf y tŷ hanesyddol hwn yn dyddio'n ôl i ganol y 13eg ganrif. Yn ôl safonau'r Ymddiriedolaeth Genedlaethol (a dwi'n meddwl y bydden nhw'n cytuno), mae Hen Blasty Washington yn adeilad cymharol wylaidd, diymhongar, ac ni allem ddeall, fel plant bach, pam fod twristiaid o America yn heidio yma mewn bysus bob haf i'w weld. Heddiw, wrth gwrs, gallwn amgyffred ei bwysigrwydd hanesyddol grymus.

Hyd heddiw, mae pawb a weithiodd ar y gyfres *National Trust Unlocked* yn teimlo'n freintiedig o fod wedi cael bod yn rhan ohoni. Dydw i ddim yn gor-ddweud; hwn oedd un o brofiadau mwyaf cofiadwy a hudolus fy mywyd, a byddaf bob amser yn ddiolchgar i'r Ymddiriedolaeth Genedlaethol am fy ngalluogi i'w gwneud. Gorffennodd y gyfres gyda darn i gamera lle gwelwch chi mi'n cerdded yn falch ar hyd y goruwchadail ar ben ein hanwylyd o ogledd Lloegr, Cofeb Penshaw.

Mae'r Ymddiriedolaeth Genedlaethol yn gofalu am dros 10,000 o adeiladau yn y DU. Hi hefyd yw perchennog ffermydd mwyaf y genedl, gyda bron i 250,000 hectar o dir a mwy na 1,300 o ffermwyr yn denantiaid. Sut yn y byd wnaeth Dr Elizabeth Green a'i chyd-awduron lwyddo i ddewis dim ond 60 o adeiladau rhyfeddol o blith

Isod • Hen Blasty Washington, Tyne a Wear

portffolio mor eang i ysgrifennu'r llyfr hyfryd hwn – ond am ddewis maen nhw wedi'i wneud! Mawr neu fach, trefol neu wledig, hynafol neu fodern, mae'r straeon y mae'r adeiladau hyn yn eu hadrodd yn hollol hudol.

Ymysg yr adeiladau sy'n neidio allan o'r tudalennau hyn i mi mae'r Crown Liquor Saloon yn Belfast, a achubwyd gan un o'm harwyr achub adeiladau, Syr John Betjeman, a brynwyd gan yr Ymddiriedolaeth Genedlaethol ym 1978. Yna mae 251 Menlove Avenue, tŷ pâr diymhongar ym maestrefi Lerpwl, lle roedd crwtyn bach yn byw gyda'i fodryb a'i ewythr rhwng chwech a 23 oed. Enw'r crwtyn bach hwnnw oedd John Lennon.

A minnau'n hoff iawn o lefydd bach rhyfeddol a rhyfedd, rhaid i mi grybwyll y Shack diymffrost ym Maenor Mottistone ar Ynys Wyth, a ddyluniwyd gan y penseiri John Seely a Paul Paget ynghanol y 1930au fel dihangfa rhag prysurdeb bywyd y ddinas. Wedyn mae'r anhygoel o anarferol Obelisk Lodge yn Nostell yng Ngorllewin Swydd Efrog, a ddyluniwyd gan y pensaer Neo-glasurol Robert Adam ym 1776–7. I mi, roedd Adam yn seren roc ym myd pensaernïaeth, a chyflëir hyn yn glir yn y pafiliwn bach hwn sy'n gyfuniad o deml Dysganaidd a phyramid Eifftaidd.

Dwi wir yn caru'r Ymddiriedolaeth Genedlaethol, a chwyddodd y cariad hwnnw i lefel arall pan benderfynais, yn 12 oed, ddod yn bensaer. Felly, y cyflwyniad hwn yw'r cyfle perffaith i mi ddiolch o waelod calon i'r Ymddiriedolaeth Genedlaethol am ddod â chymaint o lawenydd i'm bywyd. Mae'n sefydliad gwych sy'n addysgu, yn ysbrydoli ac yn ein galluogi i fwynhau cymaint o'r awyr agored. Heb yr Ymddiriedolaeth, byddem wedi colli cymaint o'n treftadaeth bensaernïol a'n tirwedd dlos, felly mae'n hanfodol ein bod yn gwneud ein gorau glas i'w chefnogi.

Dyma obeithio y byddaf fyw'n ddigon hir i wneud y gorau o'm haelodaeth oes ac i weld llawer, llawer mwy o adeiladau, gerddi, llwybrau cerdded, strwythurau a chofebion hyfryd, gan gynnwys y 60 o adeiladau rhyfeddol yn y llyfr hwn, nad ydw i wedi gweld llawer ohonynt – eto.

Mwynhewch!

George Clarke

Casgliad eithriadol

Mae'r Ymddiriedolaeth Genedlaethol yn gofalu am fwy na 10,000 o adeiladau hanesyddol, y mae mwy na 300 ohonynt ar agor i'r cyhoedd. Maen nhw'n cynrychioli 900 mlynedd o ddylunio pensaernïol, o Lys Horton yn Swydd Gaerloyw, a adeiladwyd tua 1185, i Ganolfan Ymwelwyr Sarn y Cawr yn Swydd Antrim, sydd prin ddegawd oed. Mae'r casgliad rhyfeddol hwn yn cynnwys y trefol a'r gwledig, adeiladau diwydiannol a domestig, lleoedd o ysbrydolrwydd a ffydd, bywyd a marwolaeth. Mae rhai'n gewri ac eraill yn glyd, ac maen nhw'n cyfleu cyfoeth, tlodi ac ymdrech ddynol. Maen nhw'n arddangos y cyfoeth o arddulliau, deunyddiau a thechnegau adeiladu rhanbarthol a welir ledled Cymru, Lloegr a Gogledd Iwerddon, ac yn ymgnawdoli'r sgiliau, y traddodiadau a'r wybodaeth sydd wedi'u trosglwyddo o genhedlaeth i genhedlaeth.

Mae enwau llawer o'n penseiri pennaf yn gysylltiedig ag adeiladau'r Ymddiriedolaeth Genedlaethol – Robert Smythson, William Talman, Syr John Vanbrugh, Robert Adam, James Paine, John Nash, Thomas Telford,

Thomas Hopper, William Burges, George Frederick Bodley, Syr Edwin Lutyens ac Ernö Goldfinger. Gyda'i gilydd, mae adeiladau'r Ymddiriedolaeth yn gasgliad godidog.

Dim ond ers yr Oesoedd Canol y mae adeiladau domestig wedi goroesi mewn niferoedd sylweddol. Arweiniodd gwrthryfel gwaedlyd Owain Glyndŵr ym 1400–9 at bolisi tir llosg ledled Cymru a siroedd y gororau. Hyd yma, nid oes yr un tŷ yng Nghymru, ac eithrio cestyll a thai eglwysig, wedi'i ddyddio'n gynharach na 1400. Mae Tŷ Aberconwy yng Nghonwy (1419) yn dyddio o'r cyfnod ailadeiladu mawr a ddigwyddodd yn dilyn y gwrthryfel.

Mae mwy o bensaernïaeth ganoloesol Lloegr wedi goroesi: pentrefi Lacock yn Wiltshire a Lavenham yn Suffolk; aneddiadau maenoraidd fel Brockhampton Isaf yn Swydd Henffordd (dechrau'r 15fed ganrif) ac Ightham Mote yng Nghaint (14eg ganrif); a chestyll fel Sizergh (15fed ganrif) yng Nghymbria a Dunster (13eg ganrif) yng Ngwlad yr Haf. Gogwyddai Gogledd Iwerddon, fel Northumberland a'r Alban, at dyrau amddiffynnol cryno, fel Castell Carra yn Swydd Antrim (14eg ganrif).

Yn y cyfnod hwn, yr enw cyffredin ar ddylunwyr adeiladau oedd pen-seiri meini (gwraidd y gair 'penseiri'), ac nid yw eu henwau

Gyferbyn • Wedi'i brynu ym 1896 am £10, Tŷ Clerigwyr Alfriston yn Nwyrain Sussex oedd yr adeilad cyntaf a achubwyd er budd y genedl gan yr Ymddiriedolaeth Genedlaethol.

Uchod • Cornel dde-orllewinol Ightham Mote, plasty rhagorol â ffos yng Nghaint sy'n dyddio o'r 14eg ganrif.
Gyferbyn • Y capel Paladaidd mawr yn Gibside, Tyne a Wear, a ddyluniwyd gan James Paine ym 1760.

wedi'u cofnodi'n gyffredinol. Credwn mai'r Meistr Iago o Saint-Georges, y pen-saer maen ar gyfer cestyll Edward I yng Ngogledd Cymru, a ddyluniodd Gastell y Waun, Wrecsam, a adeiladwyd ar gyfer Roger Mortimer rhwng 1295 a 1310.

Weithiau, caiff gwreiddiau hynafol adeiladau eu cuddio dros amser, wedi'u claddu o dan haenau diweddarach. Ond mae ambell arwydd yn goroesi – fel y llwyth o gyplysau crwm canoloesol ym Maenor Lytes Cary yng Ngwlad yr Haf, neu'r pren derw trawiadol wedi'i dduo â mwg ym mhlas Egryn, Gwynedd (tua 1510).

Cafodd y newidiadau cataclysmig mewn grym a ddaeth gyda theyrnasiadau Harri'r VIII ac Elisabeth I eu hadlewyrchu yn y datblygiadau mewn arddulliau pensaernïol o'r 1530au hyd

defnydd o ddeunyddiau adeiladu cyferbyniol – fel y gwelwn yn Nhŷ Ham yn Richmond (tua 1610) a Blickling yn Norfolk (tua 1619–27) – a phatrymau a adleisir y tu mewn i adeiladau ac mewn gerddi ffurfiol fel yn Erddig, Wrecsam (dechrau'r 18fed ganrif) a Phlasty Hanbury, Swydd Gaerwrangon (tua 1701).

Mae Kingston Lacy yn Dorset (1663–5) a'i efeill-dŷ coll yn Coleshill yn Swydd Rydychen (hefyd gan Syr Roger Pratt, tua 1650), Tŷ Tredegar yng Nghasnewydd (tua 1670) a Thŷ Belton, Swydd Lincoln (y saer maen William Stanton, 1685–8) i gyd yn arddangos y toeau talcennog, y bondoi uwchdroëdig dwfn, y cyrn simnai tal a'r cynlluniau llawr adeiniog pleserus o gymesur sy'n nodweddiadol o dai 'Adferiad' diwedd yr 17eg ganrif.

Daeth y 18fed ganrif â rhwysg newydd i ddylunio pensaernïol. Y prif ddylanwad oedd yr Eidalwr o bensaer o'r 16eg ganrif, Andrea Palladio. Ail-grëwyd dyluniad pont Fenisaidd Palladio (tua 1556, heb ei hadeiladu) yn Stowe yn Swydd Buckingham (1738) a Prior Park yng Ngwlad yr Haf (1750au). Roedd capel-farwdy dymunol James Paine yn Gibside, Tyne a Wear (1760), yn rhyw ledgyfeirio at Villa Rotonda Palladio (tua 1567), a daeth Paine ac Adam at ei gilydd ym Mhlasty Kedleston yn Swydd Derby (1759–65) i greu un o dai gwychaf y cyfnod, gan adeiladu ar ddyluniadau Matthew Brettingham, a ysbrydolwyd gan Villa Mocenigo Palladio (tua 1554).

at tua 1610. Heb os, seren yr oes oedd Robert Smythson, pensaer Bess o Hardwick, y mae ei enw hefyd wedi'i gysylltu â Plasty Gawthorpe yn Swydd Gaerhirfryn (1600–5) a Thŷ Chastleton yn Swydd Rydychen (1603–18), er bod y ddau ar ei hôl hi o'u cymharu â Hardwick, Swydd Derby (1590–7), o ran soffistigeiddrwydd a cheinder – heb sôn am helaethder y gwydr.

Gyda ffasiynau Ffrengig ac Iseldiraidd, a gyflwynwyd gan ddiplomyddion a masnachwyr a ddychwelai i'r wlad, daeth cryn addurnwaith,

Wedi'u hysbrydoli gan y daith fawr, cafodd y tirluniau yn Stourhead yn Wiltshire (tua 1725) a Shugborough yn Swydd Stafford (canol y 18fed ganrif) eu llenwi â themlau bychain yn adlewyrchu'r weledigaeth Arcadaidd a ddarluniwyd ym mhaentiadau Claude Lorrain a Nicolas Poussin, a phensaernïaeth yr Eidal a Gwlad Groeg. Cofleidiwyd yr arddull gan fonedd ac uchelwyr, a ruthrodd i greu plastai ar ffurf y Parthenon yn Athen. Fodd bynnag, roedd y brwdfrydedd am borticos wedi dechrau'n dawel ganrif gyfan yn gynharach pan grëwyd yr un cyntaf yn Lloegr o bren wedi'i beintio a brics stwco yn y Vyne, Hampshire (tua 1654). Mae llawer o'r tai gwych hyn, gan gynnwys Plasty Seaton Delaval Vanbrugh yn Northumberland (1718–28) wedi'u darlunio yn *Vitruvius Britannicus* Colen Campbell (1715–25).

Harneisiwyd y Chwyldro Diwydiannol, o ddiwedd y 18fed ganrif, gan y diwydiant tecstilau gyda melinau fel Quarry Bank yn Swydd Gaer yn cael eu hadeiladu ochr yn ochr â chartrefi crand i'w perchnogion, a dros y degawdau dilynol trawsnewidiodd rheilffyrdd, camlesi a ffyrdd y broses o gludo nwyddau a phobl. Adeiladwyd toreth o dai i weithwyr a heidiai i ddinasoedd fel Manceinion, Caerdydd, Belfast a Birmingham.

Trawsnewidiwyd tirweddau a chefnodd cymdeithas ar fywoliaethau amaethyddol a chrefftus gan droi at economi o fasgynhyrchu mecanyddol. Roedd gan y fferm enghreifftiol yn Shugborough (1806) beiriannau dyrnu a yrrwyd gan ddŵr, tra bod yr un yn Coleshill, a adeiladwyd yn y 1850au, yn defnyddio system o reiliau i symud cynnyrch o gwmpas y safle. Newidiodd llawer o gymunedau amaethyddol eu ffyrdd o weithio. Er enghraifft, roedd melin ac odyn sychu gymunedol Ysbyty Ifan yng Nghonwy (tua 1870) wedi'u lleoli wrth galon y pentref i alluogi cydweithredu wrth brosesu ŷd.

Mae'r ffermydd pori ucheldirol sy'n cynrychioli cyfran fawr o bensaernïaeth wledig yr Ymddiriedolaeth yn adeiladau gwerinol yn bennaf, er enghraifft ffermydd Ardal y Llynnoedd, y cwympodd Beatrix Potter mewn cariad â nhw. Fodd bynnag, daeth dylunwyr ystadau, fel James Wyatt yng Nghastell Penrhyn yng Ngwynedd, â chysondeb dylunio a natur ddarluniadwy i bentrefi fel Cambo ar ystâd Wallington yn Northumberland, gydag ysgol, eglwys a ffynnon siâp dolffin.

Mae adeiladau gwledig, a gynrychiolir yn y llyfr hwn gan ysgubor llechwedd Townend o 1666 yng Nghymbria a Threleddyd Fawr yn Sir Benfro, sy'n dyddio o ddechrau'r 18fed ganrif, yn adlewyrchu'r tirweddau lle safant – gyda'u deunyddiau, eu ffurfiau a'u swyddogaethau'n ymateb yn uniongyrchol i amodau lleol. Gellid bod wedi cynnwys yr olwyn asyn ffrâm

Dde · Saif Gwaith Tun Levant a'i injan trawst a yrrid gan stêm (adeiladwyd ym 1840) ar glogwyni 'Arfordir Tun' Cernyw.

Uchod · Wedi'u hadeiladu ar anterth y Rhyfel Oer, mae strwythurau'r cyfleuster ymchwil atomig yn Orford Ness, Suffolk (tudalennau 192–5).

goed o'r 17eg ganrif yn Fferm Saddlescombe yng Ngorllewin Sussex, tai gwymon carreg Strangford Lough, Swydd Down, neu'r strwythurau gwaith tun Levant ar arfordir gwyllt gogledd Cernyw. Mae'r strwythurau hyn i gyd yn rhyfeddol yn eu ffyrdd eu hunain ac yn disgrifio'n unigryw hanes eu cynefin.

Dewis 60 adeilad

Diben yr Ymddiriedolaeth Genedlaethol yw gofalu am leoliadau rhyfeddol, felly roedd dewis 60 yn her. Roedd yn bwysig arddangos nid yn unig sêr y byd pensaernïol, fel Plasty Kedleston yn Swydd Derby a Knole yng Nghaint, ond hefyd rai o'r adeiladau llai adnabyddus y mae eu cyfraniad at ein dealltwriaeth o hanes cymdeithasol a gwleidyddol yn eithriadol o bwysig serch hynny, fel Springhill yn Swydd y Deri, Gefail Branscombe yn Nyfnaint a magnelfeydd y Needles ar Ynys Wyth. Felly, fe welwn Hardwick a Seaton Delaval yn sefyll yn fodlon ochr yn ochr â Shack Mottistone.

Gofalu am bensaernïaeth arbennig

Pan y'i crëwyd ym 1895, prif ddiben yr Ymddiriedolaeth oedd diogelu mannau awyr agored ar adeg pan roedd aer dinasoedd yn drwch o lygredd a mynediad at fannau gwyrdd yn gyfyngedig. Yr adeilad cyntaf i'w achub oedd Tŷ Clerigwyr Alfriston (tua 1405), tŷ 'Wealden' yn Nwyrain Sussex a achubwyd ym 1896 ac a brynwyd am £10. Yn y degawdau i ddilyn, deuai toreth o adeiladau dan fygythiad i ofal y sefydliad rhyfeddol hwn.

Bydd unrhyw un sydd wedi cael cip ar ddyddiaduron James Lees-Milne, ysgrifennydd Pwyllgor Plastai'r Ymddiriedolaeth Genedlaethol yn ystod y 1930au a'r 1940au, yn deall difrifoldeb y sefyllfa a wynebai perchnogion llawer o dai ac ystadau hynafol yn dilyn rhyfel a dirywiad economaidd. Aeth llawer o'n plastai gwychaf rhwng y cŵn a'r brain diolch i dollau marwolaeth cynyddol a dirywiad enfawr ym maint y gweithlu, a gorfodwyd teuluoedd hanesyddol i werthu eu celf, eu trysorau teuluol a'u tir. Galluogodd Deddfau'r Ymddiriedolaeth Genedlaethol 1937 a 1939 y sefydliad i gymryd yr awenau ac agor ystadau i'r cyhoedd, gan felly ddychwelyd budd i'r genedl a rhoi terfyn ar ddadfeiliad y rhan bwysig hon o'n treftadaeth.

Mae adeiladau'n gofnod gwerthfawr o'r newidiadau yn y ffyrdd o fyw, rhaniadau cymdeithasol, trafferthion ac ymdrechion gwleidyddol a chrefyddol. Mae ffermydd a bythynnod ystadau'n darparu cartrefi a bywoliaethau i genedlaethau'r dyfodol, ac mae'r Ymddiriedolaeth yn gweithio'n agos gyda thenantiaid a chymunedau lleol i sicrhau eu bod yn gynaliadwy, ffyniannus ac amgylcheddol gyfrifol. Heddiw, er ei bod yn cymryd rheolaeth o dai mawr bob hyn a hyn (fel Seaton Delaval yn 2009 a Stoneywell, Swydd Gaerlŷr yn 2012), mae'r Ymddiriedolaeth yn canolbwyntio ar fynd i'r afael â'r heriau a wyneba'n hadeiladau, ein tirweddau a'n cynefinoedd yn sgil newid hinsawdd, ac ar sicrhau bod ein lleoliadau'n cael eu gwarchod ac yn cyfrannu at les pawb.

Gobeithiwn y mwynhewch chi'r llyfr hwn ac y bydd yn eich ysbrydoli i ymweld ag ambell un o adeiladau rhyfeddol yr Ymddiriedolaeth Genedlaethol.

Dr Elizabeth Green
Uwch Guradur Cenedlaethol ar gyfer Hanes Pensaernïol a Chymru, Yr Ymddiriedolaeth Genedlaethol

Dros y dudalen · Y balconi yn edrych dros yr ardd yn yr Homewood, Esher, Surrey (tudalennau 188–91).

60
O ADEILADAU RHYFEDDOL

Tlws Normanaidd prin

Mae adeiladau hanesyddol yn aml yn dod â her hyfryd: dadorchuddio eu hanes amlhaenog a datgelu'r straeon y tu ôl i'w pensaernïaeth. Yn achos Llys Horton, mae'r llinell amser hon yn un hynod o hir. Wrth ei galon mae neuadd sy'n dyddio o tua 1185, dim ond ychydig genedlaethau wedi'r goncwest Normanaidd – hwn felly yw un o dai cynharaf Lloegr a'r cartref hynaf sydd yng ngofal yr Ymddiriedolaeth Genedlaethol.

Yn un o ddim ond llond llaw o dai sydd wedi goroesi o gyfnod y Normaniaid, mae'r plasty bach hwn yn drysor go iawn. Fel y rhan fwyaf o adeiladau hynafol, mae wedi'i addasu gan genedlaethau o feddianwyr i ddiwallu eu hanghenion, ond mae'r bensaernïaeth Normanaidd i'w gweld o hyd: drysau a ffenestri bach, crwn wedi'u haddurno â sieffrynau trwchus a siafftiau crwn gyda phennau colofnau trwmped danheddog.

Saif y ddau ddrws gyferbyn â'i gilydd, a byddent wedi dynodi'r sgriniau, neu'r traws-gyntedd, yn gwahanu pen 'uchel' y neuadd o'r isaf. Y pen uchel fyddai wedi mynnu'r sylw, gyda llwyfan wedi'i godi o bosib. Byddai'r waliau wedi'u peintio neu o bosib eu gorchuddio â deunyddiau, a'r llawr wedi'i orchuddio â chymysgedd o laswelltau sych a pherlysiau persawrus, fel llysiau'r eryr pêr neu rosmari.

Adeiladwyd Horton ar gyfer offeiriad y plwyf, Robert de Bellafago (m.1219) o bosib, a nodwyd yn gyntaf fel prebendwr Horton ym 1142.

Fodd bynnag, ychwanegwyd y rhan fwyaf o'r tŷ tua 1521, i William Knight (tua 1475–1547). Roedd yn llysgennad i'r brenhinoedd Harri'r VII a Harri'r VIII, mynychodd Faes y Brethyn Aur ac, yn enwog, trafododd â'r Pab i sicrhau ysgariad Harri'r VIII oddi wrth Catalina o Aragon. Teithiodd yn eang yn yr Eidal, o Ferrara, lle bu'n astudio yn y brifysgol, i Rufain, ac mae'n siŵr mai dyma daniodd ei chwaeth bensaernïol.

Adlewyrchir pwysigrwydd Horton yn ei olyniaeth o offeiriaid: daeth tri yn gardinaliaid, dau yn archesgobion ac unarddeg yn esgobion, ac mae llawer o'u harfbeisiau'n dal i addurno'r adeilad. Ond, yr hyn sy'n goron ar statws tŷ 1521 William Knight fel adeilad gwirioneddol ryfeddol yw, yn benodol, y dyluniadau o arddull y Dadeni, a ysbrydolwyd gan yr Eidal, sy'n eithriadol o gynnar ac yn gymaradwy â manylion sydd i'w gweld ym Mhalas Cwrt Hampton. EG

Llys Horton, Swydd Gaerloyw · Neuadd Normanaidd a chyfnod y Dadeni · *tua 1185, tua 1521, adferwyd 1884* · *Carreg Cotswold, to teils carreg* · *Cymynrodd, 1946*

Cychwyn cyffredin

Yn byw mewn tlodi ac ufudd-dod, mynegodd mynachod Abaty Fountains eu gwerthfawrogiad o ogoniant Duw a'u hymrwymiad i'w addoli drwy eu hadeiladau mawreddog. Ymadawodd deuddeg o fynachod anghydffurfiol â'u prior ag Abaty'r Santes Fair yn Efrog i chwilio am fywyd symlach a mwy addolgar, a sefydlu Abaty Fountains ar Ŵyl San Steffan (26 Rhagfyr) 1132. Llochesasant o dan lwyfen wrth iddynt adeiladu eu heglwys bren fechan gyntaf.

Wedi'u gosod o gwmpas y cnewyllyn bach hwnnw, codasant gyfres o eglwysi carreg cynyddol eu maint wrth i'r gymuned fynachaidd dyfu. Cyrhaeddodd y corff ei faint presennol erbyn tua 1160, y côr erbyn 1200 a'r gangell lydan â naw allor erbyn 1240. Wedi'u cysylltu â'r eglwys roedd tair adain o adeiladau domestig, o gwmpas cloestr canolog, y ganolfan yr oedd y diwrnod mynachaidd yn cylchdroi o'i chwmpas. Roedd y rhan fwyaf o'r adeiladau a welwn heddiw, ac eithrio'r clochdy unigryw, wedi'u cwblhau erbyn 1250, gan letya o bosib hyd at 400 o frodyr lleyg a 160 o fynachod côr. Cafodd atgyweiriadau angenrheidiol a gwblhawyd yn y 1480au eu haddurno â phortreadau, posau (mwyseiriau gweledol), angylion a hyd yn oed Ddyn Gwyrdd – duw paganaidd y coetiroedd yn wreiddiol.

Gwelwyd gwaith cynllunio ar raddfa ddiwydiannol o gyfnod syfrdanol o gynnar, yn y 1140au, yn Fountains, sy'n atgyfnerthu ei statws fel y cyfoethocaf a'r mwyaf o blith tai Sistersaidd Lloegr. Un o'r nodweddion sy'n adlewyrchu hyn yw'r gyfres o adeiladau cynhyrchu enfawr sydd wedi'u gosod ar draws gweddill y ganolfan 12-erw. Mae'r rhain yn cynnwys Melin Fountains – yr adeilad gweithredol hynaf y mae'r Ymddiriedolaeth Genedlaethol yn berchen arno – a gweddillion archeolegol fel adeilad y tanerdy (neu farcty) a ailddarganfuwyd yn ddiweddar.

Roedd Fountains ymysg y mynachlogydd olaf i gael eu diddymu gan Harri'r VIII (1491–1547), ym mis Tachwedd 1539. Dim ond calon y fynachlog sydd wedi goroesi, wedi'i gwarchod i ddechrau fel lle o ddiddordeb hynafiaethol ac yn ddiweddarach fel un o nodweddion tirwedd ddyluniedig Studley Royal y teulu Aislabie – sydd bellach yn Safle Treftadaeth y Byd. MN

Abaty Fountains, Gogledd Swydd Efrog · Abaty Sistersaidd · *12fed–16eg ganrif · Tywodfaen lleol, gyda marmor Nidderdale a manylion calchfaen · Prynwyd, 1983*

Tyst i hanes

Adeiladwyd y lle hwn, sy'n debyg i gadeirlan, pan roedd Edward I (1239-1307) yn adeiladu cestyll sydd wedi hen fynd â'u pen iddynt. Mae wedi gweld rhyfel, pla, diddymiad y mynachlogydd, a chynnydd a chwymp llinachau brenhinol.

Gyda'i chynllun croesffurf ac ystlysau ar y tu mewn, mae'n ymdebygu'n fawr i eglwys. Mae'n debyg iddi gael ei hadeiladu gan seiri coed a meini a oedd yn gyfarwydd ag adeiladu eglwysi, oherwydd roedd Great Coxwell yn eiddo i Abaty Beaulieu ac wedi'i dylunio i warchod eitem werthfawr iawn i'r abaty, sef grawn.

Mae'n hawdd adnabod ysguboriau ymysg adeiladau amaethyddol eraill, oherwydd mae ganddynt nodweddion unigryw, swyddogaethol. Mae holltau awyru yn y waliau i sychu'r grawn heb adael i law ei ddifetha. Mae dau agoriad mawr, tua hanner ffordd ar hyd yr adeilad, yn dod â gwyntoedd croes i'r cowlas dyrnu, lle caiff y gwenith ei nithio oddi wrth yr us.

'Pytlogau' yw'r rhesi o dyllau bach sgwâr sy'n rhedeg ar hyd y waliau, neu dyllau sgaffaldwaith. EG

Great Coxwell, Swydd Rydychen · Ysgubor ddegwm ganoloesol · *1292* · *Rwbel a charreg Cotswold nadd, to teils cerrig* · *Cymynrodd, Mr E.E. Cook, 1956*

Gwarchodfa wrth ei gwreiddiau

Mae muriau uchel Castell Bodiam yn codi'n syth allan o ddyfroedd adlewyrchol ei ffos. Fe'i hadeiladwyd gan Syr Edward Dalyngrigge (1346–93), marchog, hurfilwr ac aelod seneddol. Bu Dalyngrigge yn ymladd yn Ffrainc yn y Rhyfel Can Mlynedd, gan ennill cryn ffortiwn. Erbyn 1385, cynyddodd ymdrechion Lloegr i amddiffyn ei harfordir deheuol yn sgil bygythiad y Ffrancod, ac enillodd Dalyngrigge yr hawl i osod Muriau crenelog.

Mae Bodiam yn gastell beili, gyda thyrrau amddiffynnol enfawr ym mhob cornel. Mae'r ystafelloedd swyddogol, yn ogystal â'r ceginau a'r llety ar gyfer y garsiwn, wedi'u gwarchod o fewn cysylltfur y castell. Roedd agennau saethu'n goruchwylio'r tiroedd cyfagos a thyllau lladd a phorthcwlis yn gwarchod y porthdy, ac roedd y 28 o wardrobau'n gollwng i'r ffos.

Ar ddiwedd Rhyfel Cartref Lloegr, dechreuodd yr arfer o ddymchwel cestyll. Daeth Bodiam yn adfail rhamantaidd. Ar ôl mynd trwy ddwylo sawl perchennog a bod yn dyst i sawl ymgyrch waith, ym 1916 prynwyd Bodiam gan yr Arglwydd Curzon (1859–1925), a gyflawnodd ragor o atgyweiriadau helaeth. EG

Castell Bodiam, Dwyrain Sussex · Castell canoloesol · *tua 1385 · Ashlar tywodfaen Wadhurst · Cymynrodd Curzon, 1925*

Cloestr heddychlon

Mae'n hawdd dwyn i gof furmur tawel y traed, y sgyrsiau distaw a'r canu corawl yn y pellter o dan byrth bwaog euraidd Cloestr Abaty Lacock. Roedd y cloestr yn goridor dan do a gynigiai rodfa â chysgod o eglwys yr abaty i ardaloedd domestig neu weinyddol. Yn amgylchynu cwrt neu ardd, roedd yn ofod preifat i gerdded a sgwrsio, pe bai gennych yr hawl i wneud hynny, neu ar gyfer myfyrio'n dawel. Mewn rhai achosion, roedd cawg golchi dwylo hir yn rhedeg ar hyd un wal, i fynachod neu leianod olchi baw'r tasgau awyr agored o'u dwylo cyn mynd i'r abaty i weddïo.

Mae Cloestr Lacock yn un o'r enghreifftiau gorau o'r arddull Berpendicwlar, lle mae rhwyllwaith y ffenestri'n seiliedig ar linellau fertigol paralel a fowtiau wedi'u gwau o weoedd cain o asennau wedi'u mowldio'n gywrain. Lle daw'r asennau ynghyd, fe welwn gnapau wedi'u cerfio â blodau, deiliach a wynebau. Wrth gwrs, fel gyda llawer o addurniadau pensaernïol mewn eglwysi, mae'n canolbwyntio'n bwrpasol ar rannau uchaf yr adeilad, gan ddenu'r llygad – a'r meddwl – tua'r nen.

Sefydlwyd yr Abaty, lleiandy Awstinaidd, ym 1229 gan Ela, Iarlles Caersallwg (1187-1261) a datblygodd y gymhlethfa o adeiladau dros y ddwy ganrif nesaf. Mae'r rhan fwyaf o'r Cloestr yn dyddio o'r 15fed ganrif, tua diwedd oes yr Abaty. Yn dilyn Diddymiad y Mynachlogydd ar ddiwedd y 1530au, gwerthodd Harri'r VIII yr Abaty i William Sharington (tua 1495-1553), a ddymchwelodd yr eglwys ond cadw a throsi cryn dipyn o'r gweddill: y cloestr, y cabidyldy, y gysegrfa, y tŷ twymo, ystafell gysgu, ffreutur, parlwr, ystafell y caplan, cegin, claddgelloedd a phorth. Mae toeau'r ystafell gysgu a'r ffreutur ganoloesol i'w gweld o hyd. Mae hyn oll yn gwneud Lacock yn un o'r enghreifftiau mwyaf cyflawn o leiandy canoloesol sydd wedi goroesi.

Mae'r lle hyfryd hwn wedi ennill enwogrwydd yn ddiweddar yn y gyfres ffilmiau Harry Potter. EG

Abaty Lacock, Wiltshire · Cloestr · *Y 14eg a'r 15fed ganrif gydag addasiadau ynghanol yr 16eg ganrif · Rwbel Cotswold a chalchfaen nadd, to teils carreg · Rhodd, 1944*

Symbol o statws

Etifeddwyd Oxburgh, yn Breckland Norfolk, gan Syr Edmund Bedingfield (1443-96) ym 1476 a chafodd drwydded i osod muriau crenelog gan Edward IV (1442-83) ym 1482. Dechreuodd gwaith adeiladu yn fuan wedyn ar dŷ brics hardd, a ddyluniwyd yn bennaf, er ei ddefnydd o nodweddion amddiffynnol fel mwnt a phorthdy, fel symbol o statws, ac ni fyddai mewn gwirionedd wedi gallu gwrthsefyll ymosodiad difrifol. Byddai'r tŷ, fodd bynnag, yn dod yn lloches o ddiwedd yr 16eg ganrif, pan grewyd twll offeiriad. Roedd y teulu Bedingfield yn Gatholigion selog, ac ar yr adeg hon o erledigaeth grefyddol yn erbyn Catholigion, roedd llochesu offeiriad yn drosedd ddifrifol.

Yn nodweddiadol o dai statws uchel o gyfnod y Tuduriaid, mae gan Oxburgh borthdy bendigedig (dde), gyda phâr trawiadol o dyrau trillawr yn fframio'r fynedfa. Y porthdy yn aml yw'r brif elfen sy'n goroesi o dai o gyfnod y Tuduriaid – tal, tyredog, wedi'u dylunio'n rhwysgfawr fel datganiad o rym ac arddangosiad o chwaeth bensaernïol.

Roedd y fricsen yn ddeunydd adeiladu poblogaidd yn nwyrain Lloegr; sbardunwyd hyn gan frics a gyrhaeddai o'r Iseldiroedd fel balast mewn llongau. Erbyn ail hanner y 15fed ganrif, nid oedd yn newyddbeth mwyach, ond serch

hynny, prin y cawsant eu defnyddio ar y fath raddfa – fe'i cadwyd yn amlach ar gyfer manylion addurniadol fel simneiau. Mae'r dewis beiddgar o frics fel y prif ddeunydd yn Oxburgh yn ddatganiad pensaernïol mawreddogr, gan arddangos statws a hunanhyder y teulu Bedingfield.

Mae'r tŷ'n gymharol sgwâr ei gynllun. Mae'r porthdy crand i'r gogledd a, gyferbyn ag ef, ar draws yr iard, roedd y Neuadd Fawr. A hithau unwaith yn ganolbwynt i weithgarwch Oxburgh, fe'i dymchwelwyd ym 1775, yn ôl pob golwg oherwydd cost y gwaith atgyweirio angenrheidiol, ac ni chafodd fyth mo'i hailadeiladu. Mae'r adeiladau isel sy'n llenwi'r bwlch heddiw gan y pensaer o gyfnod y Dadeni Gothig, J.C. Buckler (1793–1894), a gyflawnodd addasiadau yn y 1830au, gan harddu a phwysleisio arddull Gothig Oxburgh. Mae A.C. Pugin yn darlunio Oxburgh yn ei *Examples of Gothic Architecture* (1831–8), ond nid oes tystiolaeth ei fod ef, na'i fab enwocach A.W.N. Pugin, wedi gwneud addasiadau i'r tŷ. Mae tebygrwydd mawr rhwng arddull A.W.N. Pugin a Buckler, ac mae'n siŵr mai dyma beth arweiniodd at y rhagdybiaeth hon. EG

Plasty Oxburgh, Norfolk · Tŷ Tuduraidd · *Canoloesol i'r 1870au · Brics coch, to panteils clai · Rhodd, 1952*

Cylch gwirionedd

Mae dendrocronoleg – neu goed-ddyddio – wedi trawsnewid gwaith ditectifs adeiladau, gan eu galluogi i wahanu haenau adeiladau ffrâm goed a deall pryd y cafodd pob rhan ei hadeiladu. Roedd coed derw'n cael eu defnyddio'n 'wyrdd', neu heb eu sychu, felly mae gwybod ym mha dymor y cafodd coeden ei chwympo yn dynodi'r dyddiad y'i defnyddiwyd.

Cwympwyd y coed yn neuadd Brockhampton Isaf rhwng 1413 a 1441, a rhai'r adain groes rhwng 1398 a 1434. Mae'n debyg mai'r neuadd, wrth galon y tŷ, a adeiladwyd gyntaf, gyda'r siambrau a'r ystafelloedd encilio i ddilyn, sy'n awgrymu bod y ddwy adain wedi'u hadeiladu ar ddechrau'r 15fed ganrif. Mae cofnodion yn dangos mai Philip Domulton oedd perchennog Brockhampton ar yr adeg hon, sy'n golygu mai hwn oedd y gŵr a greodd y tŷ, fwy na thebyg.

Ychwanegwyd bwtri, pantri a chegin ym 1520–8 gan Richard Habington, ac adeiladwyd y porthdy yr ochr arall i'r ffos ym 1545–50. Gyda'r duedd i gefnu ar fywyd cymunedol canoloesol, adeiladodd John Barneby nenfydau dros y Siambr Fawr a'r Neuadd Fawr rhwng 1661 a 1668. EG

Brockhampton Isaf, Swydd Henffordd · Plasty canoloesol â ffos · *1413 ymlaen* · *Ffrâm goed â mewnlenwad bangorwaith a dwb a simneiau brics, to teils clai* · *Cymynrodd, 1946*

Llwyfan i'r llewpard

Knole yw un o blastai gwychaf Lloegr. Wedi'i leoli mewn parc ceirw canoloesol, dafliad carreg o stryd fawr brysur Sevenoaks, gall troedio'r rhodfa goediog droellog sy'n arwain at y tŷ deimlo fel camu'n ôl drwy amser. Fe'i cymharir yn aml â thref yn hytrach na thŷ; mae'r to yn unig yn 6.7 erw o faint. Gyda waliau tal o hogfaen Caint o boptu iddo, uwch ben y fynedfa mae dau driongl crwm â llewpardiaid Sackville herodrol yn sefyll y naill ochr a'r llall i borthdy trawiadol. Dringwch risiau troellog y porthdy am olygfa odidog o'r toeau talcennog eang a simneiau wedi'u trefnu o gwmpas cyfres o ierdydd sy'n datgelu strwythur y palas canoloesol sydd wrth ei galon.

Prynwyd y plasty cynnar yn Knole gan Thomas Bourchier (tua 1411–86), Archesgob Caergaint, ym 1456 ac fe'i trawsnewidiwyd yn balas ganddo. Fe'i hestynnwyd o dan archesgobion olynol a chan Harri'r VIII, cyn iddo gael ei brynu ym 1603 gan Thomas Sackville (tua 1536–1608), Iarll 1af Dorset, cefnder ac Arglwydd Brif Drysorydd Elisabeth I (1533–1603). Cyflogodd Sackville feistri ar eu crefft o Waith y Brenin i ailfodelu ei dŷ. Gan ddefnyddio sylfeini'r adeilad canoloesol ac ymgorffori'r hen Neuadd Fawr, y Capel a'r Ysgubor Ddegwm, mewn llai na degawd trawsnewidiwyd Knole yn balas y Dadeni. Addurnwyd ei ystafelloedd ffurfiol yn

goeth gyda gwaith plastr addurniadol, cerfiadau a chynlluniau peintio, wedi'u cynnal y tu ôl i'r llenni gan rwydwaith helaeth o geginau, llaethdy a bragdy, stablau, gweithdai ac iard goed.

Addasodd a thrwsiodd cenedlaethau diweddarach yr adeilad yn ofalus, ond mae campwaith Jacobeaidd Thomas Sackville yn dal i sefyll, yn unol â'i fwriad gwreiddiol i raddau helaeth, 400 mlynedd yn ddiweddarach. Heddiw, mae'r tŷ'n ymgorfforiad o fawredd diflanedig llawn awyrgylch, ei orielau hir, ei risiau troellog, ei ystafelloedd swyddogol a'i atigau'n frith o fwystfilod herodrol a ffigyrau chwedlonol ac arwynebau sy'n dangos traul y canrifoedd. ES

Knole, Caint · Palas y Dadeni · *1456 ymlaen* · *Hogfaen Caint gyda simneiau brics, to teils clai* · *Rhodd, 1947*

Ysblander wedi'i ystumio

Mae Little Moreton yn un o'r adeiladau ffrâm goed mwyaf trawiadol yn Lloegr. Cwblhawyd y camau adeiladu gan ddwy genhedlaeth o'r teulu Moreton, yn bennaf yn yr 16eg ganrif, gan orffen tua 1610. Yn bensaernïol gyfoethog, mae'n gwneud defnydd o sgiliau adeiladu ffrâm goed di-ffael, dibynadwy, gan anwybyddu trefn a chydbwysedd ond manteisio i'r eithaf ar bosibiliadau addurniadol y ffrâm goed. Noda'r hanesydd pensaernïol, Nicholas Cooper: 'each addition crashes into its predecessor without regard for symmetry or even for structural logic'.

Wedi'i adeiladu o gwmpas iard, mae gwahanol rannau'n ymwthio allan, gyda rhai adrannau crwm, cerfiadau pren du cain a fframio strwythurol, a mewnlenwad bangorwaith a dwb wedi'i beintio'n wyn o dan doeau teils carreg. Tra bod y ffrâm goed yn tynnu ar draddodiadau canoloesol, mae'r cerfwaith manwl yn ymgorffori motiffau traddodiadol arddullaidd a rhai tebyg o gyfnod y Dadeni. Mae'r mewnlenwad lleddfbetryal sieffrwn, pedairdalen a chrwm ar y paneli yn drawiadol. Mae holl rannau'r adeilad fel petaent yn ymgiprys â'i gilydd am sylw.

Mae adain drillawr y de (tua 1560-2), sy'n cynnwys y porthdy a'r oriel 'ddyrchafedig' hir, yn arbennig o bwerus. Mae'r grib donnog a'r ffenestri oddi tani'n dyst i'r ysblander ystumiedig o weithio gyda phren strwythurol gwyrdd. Ar wahân i borth y de, sydd â chryn rym gweledol wrth ddynesu tua'r neuadd, mae llawer o'r grym wedi'i gadw yn yr iard fewnol, lle mae dwy gilfach amlochrog fawreddog o 1559 yn ymwthio tuag allan, i mewn i'r iard goblog.

Y Neuadd Fawr (tua 1504-8) a'r adain ddwyreiniol yw'r rhannau cynharaf, gyda'r neuadd yn agored yn wreiddiol ond wedi'i moderneiddio'n ddiweddarach gyda llawr ym 1559. Ym Mharlwr yr adain ddwyreiniol, mae'r lluniau ar y muriau'n rhoi cip gyffrous ar addurniadau'r 16eg ganrif, gyda phaneli peintiedig ac, uwchben, cyfres o luniau (tua 1580) sy'n adrodd stori Susannah a'r Henaduriaid. SR

Plasty Little Moreton, Swydd Gaer · Tŷ Tuduraidd · *Y 15fed a'r 16eg ganrif · Ffrâm goed gyda mewnlenwad bangorwaith a dwb, brics, to teils carreg · Rhodd, 1938*

Adain i'r adeiniog

Mae Colomendy Willington yn un o enghreifftiau mwyaf Lloegr o golomendy o'r 16eg ganrif. Mae hefyd yn un o'r rhai mwyaf trawiadol. Y colomendy a'i stabl gyfagos yw'r hyn sy'n weddill o gymhlethfa o adeiladau maenorol, a adeiladwyd rhwng 1535 a 1541, o bosib gan ailddefnyddio cerrig o Briordy Newnham, a ddiddymwyd ym 1535. Eu creawdwr oedd Syr John Gostwick (m.1545), Meistr Meirch y Cardinal Wolsey (1470/1–1530) ac yn ddiweddarach Drysorydd a Rhysyfwr Cyffredinol Harri'r VIII (1491–1547).

Wedi'i adeiladu o rwbel calchfaen ag ashlar nadd a tho teils clai coch, mae grisiau brain corbelog amlwg yn rhoi amlinelliad dramatig i'r adeilad yn erbyn yr awyr. Mae cyfres o lwfrau'n dyrchafu llinell y to, fel pagoda'n codi o gefn gwlad Lloegr. Y tu mewn, mae'r strwythur llawn mor drawiadol, gyda nythfeydd yn lletya hyd at 1,500 o adar.

Yn oes y Tuduriaid, ystyrid colomen yn fwyd moethus. Wrth gwrs, ni all rhywun reoli lle mae colomennod yn bwydo, ac yn anochel byddent yn gwledda ar y grawn mewn caeau cyfagos. Gallai hyn arwain at landlord yn cymryd 'taliad' ychwanegol gan ei denantiaid, gan fod eu grawn yn pesgi ei adar. EG

Colomendy Willington, Swydd Bedford · Colomendy Tuduraidd · *Canol yr 16eg ganrif · Calchfaen, to teils clai · Rhodd, 1914*

Mwy o wydr na wal

Mae Plasty Hardwick, un o sêr pensaernïol
yr Ymddiriedolaeth Genedlaethol heb os,
fel galiwn ddisglair yn arnofio ar ben bryn,
gyda mwy o ffenestri na waliau. Priododd ei
greawdwr, Elizabeth Hardwick (?1527–1608),
bedair gwaith, gan gynyddu ei phendefigaeth
a'i chyfoeth bob tro. Erbyn ei marwolaeth,
roedd Bess o Hardwick – fel y'i gelwid – yn un
o'r menywod cyfoethocaf a mwyaf pwerus yn y
wlad. Sefydlodd plant ei hail briodas y frenhinlin
Cavendish a adeiladodd Chatsworth, a daeth
yn Iarlles Amwythig yn dilyn ei phedwaredd
briodas â George Talbot.

Trodd Bess at un o'r penseiri adnabyddus
cynharaf, Robert Smythson, ac mae'r hyn a
greodd iddi yn gymaradwy â'i gampwaith
cyfagos ym Mhlasty Wollaton (1580–8). Mae
cyfrannau'r tŷ, ei ffenestri tal, cul a'r tyrrau
pedwar llawr sy'n amlygu fertigoledd y gweddau,
yn denu'r llygad tua'r nen. Mae'r to'n frith o
ysgrifellau ES Bess, ei choronig iarlles, ac arfbais
y teulu Cavendish, wedi'u cynnal i gyd gan
hyddod Hardwick. Mae'r dyfeisiau hyn yn cael
eu hailadrodd ym mhob cwr o'r tŷ, yng ngwaith
plastr addurniadol y Neuadd Fawr a silffoedd
simnai'r Ystafell Encilio Fechan ac yn ffris
ysblennydd yr Uwch Siambr Fawr, sy'n 1.8 metr

o uchder ac yn portreadu helfa faeddod mewn coedwig â'r dduwies Diana. Mae themâu o'r fath o'r cynfyd Clasurol yn nodweddiadol o'r Dadeni cynnar.

Mae marmor, carreg ddu ac alabastr wedi'u cerfio'n gain mewn mentyll simneiau, fframiau drysau a phaneli. Mae'r Oriel Hir yn cynnwys dau le tân, un â silff simnai'n portreadu Trugaredd, a'r llall yn dangos Cyfiawnder wedi'i ddyrchafu ar bedestal, wedi'u fframio o fewn sgroliau a gwaith strap rhwng pâr o bilastrau. Mae ansawdd cywrain y dylunio a'r cerfio i'w weld ym mantell simnai'r Uwch Siambr Fawr a fffrâm ddrws yr Ystafell Melfed Gwyrdd.

Nid yw'r cynllun mewnol yn ymdebygu i'w hynafiaid canoloesol heblaw am ei gydymffurfiaeth â chonfensiwn y Neuadd Fawr ddeulawr. Fodd bynnag, ceir mynediad i'r neuadd hon drwy ben cul, gyda'r sgrîn carreg a gwaith plastr yn ychwanegu drama wrth i'r ystafell agor o'ch blaen. Saif y neuadd rhwng pantri, ystafell weini (arolygu) a llaethdy, gyda'r llawr cyntaf yn ystafelloedd gwely yn bennaf. Mae'r ystafelloedd statws uchaf ar yr ail lawr: yr Oriel Hir ysblennydd, sydd bellach yn arddangos tapestrïau a phaentiadau ac wedi'i hategu gan y canopi coeth, a'r Uwch Siambr Fawr.

Mae'r tŷ hwn o ansawdd rhagorol ac wedi goroesi'n rhyfeddol o ddigyfnewid y tu mewn a'r tu allan, ynghyd â chasgliad trawiadol yn dyddio o'r 16eg ganrif. EG

Plasty Hardwick, Swydd Derby · Plasty Elisabethaidd · Robert Smythson (tua 1535-1614) · 1590au · Tywodfaen, toeau plwm · Y Gronfa Dir Genedlaethol, 1959

Chwith pellaf · Elizabeth Hardwick, Talbot yn ddiweddarach ('Bess of Hardwick'), Iarlles Amwythig, mewn portread o tua 1560 gan un o ddilynwyr Hans Eworth ym Mhlasty Hardwick (NT 1129165).
Chwith · Addurn marmor a phaneli yn Ystafell Melfed Gwyrdd Hardwick.

Pwt o blasty

Adeiladwyd Tŷ Montacute ar droad yr 17eg ganrif gan Syr Edward Phelips (tua 1560–1614). Roedd yn gyfreithiwr ac aelod seneddol, gan ddal swyddi yn cynnwys Llefarydd Tŷ'r Cyffredin a Meistr y Rholiau. Agorodd ar gyfer yr erlyniad yn nhreial Guto Ffowc ac ym 1610 daeth yn Ganghellor Dugiaeth Cernyw. Roedd Phelips yn ŵr uchelgeisiol ac roedd angen tŷ arno i gyfleu hyn, felly trodd at y pensaer lleol, William Arnold.

Byddai ymwelwyr cynnar â Montacute wedi cyrraedd y tŷ ar hyd y Cwrt Dwyreiniol, gan fynd i mewn o dan borthdy, sydd bellach wedi'i golli. Dyluniwyd y ddau bafiliwn yn y naill gornel fel llety i westeion, plastai pitw perffaith â manylion cain. Mae eu hamlinellau'n frith o binaclau, toeau pigfain â thopwaith peli rhwyllog, parapet corbelog wedi'i fowldio, a ffenestri bae croeslathog a myliynog.

Roeddent yn adeiladau deulawr yn wreiddiol, wedi'u dodrefnu â lleoedd tân i gadw eu gwesteion yn gynnes. Dangosir y simneiau mewn dyfrlliw o ddechrau'r 19eg ganrif gan John Buckler, ond cawsant eu dymchwel gan yr Arglwydd Curzon yn ystod ei 'adferiad' ar ôl 1915. EG

Tŷ Montacute, Gwlad yr Haf · Pafiliwn Elisabethaidd · *William Arnold (m.1636–7) · tua 1601 · Calchfaen Ham Hill, to llechi · Rhodd gan y Gymdeithas Gwarchod Adeiladau Hynafol, 1931*

Uchod · Syr Edward Phelips mewn paentiad o ddiwedd y 18fed ganrif gan artist anhysbys, wedi'i gopïo o fersiwn wreiddiol gynharach (NT 597909). Mae byrllysg a bag swyddogol y Llefarydd i'w gweld i o dan y ffenestr.

Ffynnu drwy ffydd

Yn gragen ddi-do, cychwynnwyd Lyveden ym 1596 ar gyfer Thomas Tresham (1543-1605), ac mae wedi'i briodoli i Robert Stickells, Goruchwyliwr Gwaith ym Mhalas Richmond, ond nid oes darluniadau wedi goroesi. Ni chafodd erioed ei gwblhau, ond cafodd ei adeiladu fel tŷ haf ar gyfer gwledda a diddanu. Mae'r strwythur calchfaen destlus yn codi fel llong ofod adeiniog o'i lwyfan lliw emrallt. Mae'n codi deulawr uwch lefel y ddaear gyda chladdgell, ac yn groesffurf ei gynllun gyda bae wythonglog ymwthiol wrth ben pob adain.

Mae'r adeilad enigmataidd hwn yn adlewyrchu oes pan holltai crefydd gymdeithas. Byddai'r gred 'anghywir' yn aml yn arwain at allgáu, a gallai arwain at garchar neu hyd yn oed farwolaeth. Creodd Thomas Tresham dirlun ysbrydol ac, oddi mewn iddi, adeilad crand a fynegai'n dawel gredoau dyfnion. Mae'r ffris uwchben ffenestri'r llawr gwaelod wedi'i gerfio â symbolau sy'n adlewyrchu ei ffydd Gatholig, gan gynnwys offerynnau'r pasiwn a chwdyn arian Jwdas, ac mae *Jesus mundi Salus – Gaude Mater Virgo Maria* (Iesu, gwaredwr y byd – Gorfoledda, Mair, Fam Forwyn) wedi'i arysgrifio ar y ffris uchaf. EG

Lyveden New Bield, Swydd Northampton · Tŷ gwledda · *Priodolir i Robert Stickells (m.1620) · tua 1604-5 · Ashlar gyda chalchfeini nadd gwyn · Prynwyd drwy danysgrifiad, 1922*

Datganiad Jacobeaidd

Wedi'i adeiladu o gwmpas esgyrn tŷ â ffos o'i amgylch Nicholas Dagworth o 1390, mae Blickling yn blasty beiddgar o Jacobeaidd, a grëwyd rhwng 1619 a 1628 gan y pensaer Robert Lyminge, un o ddim ond llond llaw o benseiri y gwyddom amdanynt o'r cyfnod hwn. Fe'i hadeiladwyd ar gyfer Syr Henry Hobart (tua 1554–1625), aelod seneddol a chyfreithiwr hynod lwyddiannus.

Y cynllun gwreiddiol oedd cwrt dwbl, gyda'r Neuadd Fawr wedi'i gosod, yn arddull yr oesoedd canol, ar draws y 'gwregys', yn gwahanu'r Cwrt Bach deheuol oddi wrth y Cwrt Hir tu draw. Yn y Cwrt Bach roedd y gofodau ffurfiol, gan gynnwys y Siambr Encilio a wynebai tua'r de, Capel, Parlwr a'r Grisiau Mawr. Roedd yr ail gwrt gogleddol – y Cwrt Hir – wedi'i amgylchynu gan lety a gofodau gwasanaeth. Mae'r Oriel Hir, sydd hefyd yn gartref i'r Llyfrgell odidog, yn rhedeg ar hyd adain y dwyrain.

Mae Blickling wedi'i adeiladu o frics coch gyda cherrig a stwco nadd. Mae'r prif wyneb deheuol yn gymesur i raddau helaeth ac mae iddo saith bae â baeau ffenestri ymwthiol, gwaith strap ac addurniadau Clasurol. Mae tyredau pedwar llawr pigfain yn nodi pob cornel. Mae'r adenydd ystlysol, gyda'u talcennau Iseldiraidd hardd, yn dyddio

i gyfnod y prif dŷ, ac roeddent yn cynnwys stablau a llety gwasanaeth pellach.

Mae Blickling yn nodweddiadol o'r arddull Jacobeaidd. Bob ochr i'r brif fynedfa mae colofnau Dorig ac mae wedi'i haddurno gan deirw herodrol Hobart, ffigyrau benywaidd a swagiau. Mae'n cynnal y ffenestr 12-panel ar y llawr cyntaf uwchben, gyda philastrau Ïonig a ffigyrau o Gyfiawnder a Gwirionedd. Y tu mewn, seren y sioe yn ddi-os yw'r gwaith plastr, a gyflawnwyd gan Edward Stanyon (1581– tua 1632). Yr uchafbwynt yw'r Oriel Hir (gyferbyn), sy'n 38 metr o hyd, lle mae paneli o arfbeisiau Hobart a symbolau o'r pum synnwyr a dysg i'w gweld am yn ail i lawr y canol. Mae paneli i'r naill ochr a'r llall wedi'u copïo o blatiau yn *Minerva Britanna, or, A Garden of Heroical Devises* Henry Peacham (1612). EG

Plasty Blickling, Norfolk · Plasty Jacobeaidd · *Robert Lyminge (gweithredol 1607–28) · tua 1616 · Brics coch gyda charreg a stwco nadd, toeau plaen a phanteils gyda chromenni plwm ar dyredau cornel · Cafwyd drwy ewyllys 11eg Marcwis Lleuddiniawn, 1942*

Dde · Syr Henry Hobart (tua 1554–1625), 'adeiladwr Blickling', mewn portread o 1616 gan artist anhysbys o gylch William Larkin (tua 1585–1619) (NT 357150).

Goroeswr unigryw

Mae'r trysor bach hwn o adeilad yn oroeswr prin ac yn gysylltiedig â math poblogaidd o ddifyrrwch 'slawer dydd, sef cwrso ceirw gyda milgwn. Mae'r gweithgaredd hwn yn anghyfreithlon bellach, ond y diben oedd rasio milgwn a cheirw – rhywbeth yr oedd pobl yn hoff o'i wylio, gyda thraddodiad betio cryf.

Wedi'i adeiladu tua 1634 at gyfer John Dutton (1594-1657) o Dŷ Sherborne, mae Lodge Park yn dangos dylanwad Paladiaeth. Mae'r wedd flaen yn cynnwys pum bae gyda ffenestri myliynog a chroeslathog tal. Mae gan ffenestri'r *piano nobile* bedimentau toredig uwch eu pennau'n dal penddelwau ac addurn gwaith strap syml, gyda balwstrad uwchben. Ceir mynediad drwy borth bwaog â cholofnau wedi'u gerwino'n ddwfn. Fe'i trefnir ar draws tri llawr, gyda chegin ac ystafelloedd gwasanaeth yn yr islawr, cyntedd mynediad mawr ac ystafelloedd gwasanaeth pellach ar lefel y ddaear, a neuadd wledda â balconi ar y llawr cyntaf. Mae llwyfan archwilio ar y to hefyd.

Mae'r cyfrannau cain a'r defnydd coeth o fanylion pensaernïol wedi arwain at gymariaethau â Thŷ Gwledda San Steffan Inigo Jones, a

Dde • Cwrso ceirw â milgwn, wedi'i ddarlunio mewn ysgythriad o tua 1671, yn arddull Francis Barlow (1622-1704).

adeiladwyd ym 1607. Ni wyddwn yn bendant pwy oedd pensaer Lodge Park, ond yn fwy na thebyg cafodd y dyluniad ei greu gan Balthazar Gerbier (1592-1663), a oedd yn gweithio yn yr ardal, a'i weithredu gan y pensaer lleol Valentine Strong (m.1662), a ehangodd Dŷ Sherborne ar gyfer John Dutton ym 1651-3. EG

Lodge Park, Swydd Gaerloyw • Gwylfa cwrso ceirw • *Pensaer ansicr • tua 1634 • Ashlar calchfaen, to plwm • Cymynrodd gan 7fed Barwn Sherborne, 1987*

When Grayho vnde strayne, then Buske and low doe bound | COURSING FALLOW | But when theyre pincht, the Keeper with his knife
o're hill and dale and nimbly riddeth ground. | DEERE | with speede makes in and there doeth end theyr life

Porthor pendefigaidd

Mae porthdy Lanhydrock yn fynedfa briodol o ysblennydd i'r clos muriog a arweiniai at yr hyn oedd yn dŷ gwych yn yr 17eg ganrif, wedi'i osod ynghanol tirlun ddyluniedig yr oedd y porthdy'n goron arni.

Dinistriwyd rhannau mawr o'r tŷ gan waith dymchwel ym 1780 a thân trychinebus ym 1881. Fodd bynnag, goroesodd ambell ran, gan gynnwys yr Oriel Hir hyfryd yn adain y gogledd a'r porthdy.

Wedi'i adeiladu gan John a Lucy Robartes, a goffeir mewn carreg ddyddio fel 'ILR1651', mae'r porthdy'n betryal ei gynllun gyda thŵr wythonglog ar y naill ben, a'r llall sy'n rhoi iddo gynllun llawr sy'n ymdebygu i bâr o finocwlars. Mae gan y tŵr i'r dde ystafell warcheidwaid ar y llawr gwaelod, a siambr ddi-wres fechan uwchben. Mae'r tŵr i'r chwith yn cynnwys y grisiau a geudai. Ar y llawr cyntaf mae siambr ganolog wedi'i gwresogi, y mae ei chorn simnai wedi'i chuddio y tu mewn i'r parapet. Mae'r parapet grisiau brain trawiadol wedi'i goroni gan obelisgau anghymesur o dal, sy'n gwneud i'r to edrych fel petai'n gwisgo coron o bigau a chylchoedd. EG

Lanhydrock, Cernyw · Porthdy Jacobeaidd · *tua 1651 · Ashlar ithfaen, to plwm · Rhodd, 1953*

Swyn gwerinol

O bryd i'w gilydd, esblyga adeilad sydd mor addas i'w amgylchedd nes y daw'n gynrychioliadol o'r lleoliad hwnnw. Mae'r ysgubor llechwedd Gymbriaidd yn un o'r adeiladau hyn. Mae'n strwythur amlbwrpas a chymaint mwy nag ysgubor, yn darparu ar gyfer yr anghenion ffermio amrywiol ar lethrau serth amgylchedd ucheldirol. Mae'r enghraifft yn Townend hefyd yn dlws iawn.

Un nodwedd sy'n ychwanegu at y gyfaredd weledol yw'r 'oriel nyddu', sydd wrth y fynedfa â ramp i'r bae dyrnu ac yn bargodi dros lety'r anifeiliaid islaw. Mae holltau awyru cul yn dangos lle mae grawn a gwellt yn cael eu storio. Mae dwy adain yn ymwthio allan y naill ochr a'r llall i brif linell yr ysgubor, gan greu ardal gysgodol yng nghôl yr adeilad, gyda lloches rhag y glaw, storfa sych a gweithle cysgodol.

Yn ymgorfforiad o bensaernïaeth werinol, mae ysgubor Townend wedi tyfu o'r garreg o dan ei thraed, yn eistedd o dan do a wnaed o lechi o'r chwarel gerllaw, wedi'i saernïo gan adeiladwyr lleol gan ddefnyddio sgiliau a ddysgwyd ac a feistrolwyd yn yr un cwm ac a drosglwyddwyd o un genhedlaeth i'r llall. Mae'n dyddio o 1666 ac, fel y gwelwch yn aml mewn adeiladau fferm, ychwanegwyd ati ar hap dros y canrifoedd. EG

Townend, Cymbria · Ysgubor llechwedd · *1666* · *Rwbel gwyngalchog, to llechi o haenau lleihaol · Rhodd, 1948*

Ar gefn dy geffyl

Roedd William Morgan (tua 1640–80) yn rhoi pwys mawr ar ei sgiliau marchogaeth, a oedd yn ei dyb ef yn cynrychioli statws a gwroldeb, ac mae'r stablau mawreddog a adeiladwyd ganddo yn cyfleu hyn i'r dim. Mae stablau ac ysgol farchogaeth Tredegar yn cydoesi a'r ailadeiladu ar y tŷ yn ystod yr Adferiad, tua 1664–72. Mae'r gymhlethfa o adeiladau'n cynnwys ystafelloedd gweision y stabl, ystafell harneisiau a bwyd ac, yn y 18fed ganrif, ychwanegwyd orendy i'r wedd sy'n wynebu'r ardd. Yn anarferol, mae'r rhes o adeiladau o flaen y tŷ, ac yn ffurfio ochr buarth agored. Mae hyn yn cyfleu ymhellach bwysigrwydd ei geffylau i Morgan.

Mae pediment â chloc yn pontio'r tri bae canolog, gyda 'phafiliynau' ymwthiol wrth y naill ben. Wrth y fynedfa, fe welwch bediment toredig cain yn dal penddelw Rhufeinig clasurol. Mae dwy arfwisg, canonau a drymiau wedi'u trefnu uwchben y pediment, sy'n eistedd ar bâr o bilastrau Corinthaidd. Mae deg o ffenestri myliwn a chroeslathog, ag agoriadau *oeuil-de-boeuf* hirgrwn uwch eu pennau, wedi'u rhannu gan bilastrau Ïonig uchder ¾, pob un wedi'i goroni â thopwaith o fes yn eu cwpanau. EG

Tŷ Tredegar, Sir Fynwy · Tŷ o gyfnod yr Adferiad · *tua 1664–72 · Brics coch, to llechi · Prydles hir gan Gyngor Casnewydd ers 2012*

Cyfnodau o hanes

Yn ystod 'Gwladychiad Ulster', a ddechreuodd yn ystod y 1610au, cafodd tiroedd eu cymryd oddi ar deuluoedd Catholig Gwyddelig a'u trosglwyddo i ddwylo Protestaniaid Saesneg eu hiaith, yn bennaf o ogledd Lloegr ac Iseldir yr Alban. Cafodd tiroedd Springhill eu trosglwyddo i un o deuluoedd y gwladychiad, y teulu Conyngham o Swydd Aeron, tua 1658. Mae'n debyg i unrhyw dŷ cynnar a adeiladwyd gael ei ddinistrio yn ystod y Gwrthryfel Gwyddelig ym 1641.

Gwneir y cyfeiriad cyntaf at y tŷ presennol mewn cytundeb priodas o 1680, lle ymrwyma William Conyngham i 'godi annedd-dy cyfleus o galchfaen a charreg, sy'n ddeulawr o uchder, gyda'r swyddfeydd, gerddi a pherllannau angenrheidiol'. Mae'r tŷ a ddeilliodd o hyn yn hynod am ei ddiffyg amddiffynfeydd: roedd yr iard flaen wedi'i hamgáu'n flaenorol gan reiliau a gatiau addurniadol. Mae arddull yr adeilad yn adlewyrchu gwreiddiau Albanaidd y teulu. Ychwanegwyd y ddwy adain ystlysol unllawr i'r tŷ tua 1765, pan gafodd y pafiliynau eu gwella gyda manylion cain fel ffenestri Gothig pigfain. EG

Springhill, Swydd Deri · Tŷ gwladychiad · *tua 1697* ·
Gwaith carreg rwbel wedi'i rendro, to llechi · Rhodd, 1957

Terasau trawiadol

Gwelwyd tensiwn crefyddol estynedig yn yr 17eg ganrif, a ffrwydrodd i ddegawdau o ryfel cartref a chwyldro. Roedd Ieirll Powis yn Gatholigion selog ac yn cefnogi brenhiniaeth y Stiwartiaid, ac roeddent yng nghanol y trybini. Fodd bynnag, rhwng cyfnodau dan glo yn Nhŵr Llundain ac alltudiaeth yn Ffrainc, gwnaeth William Herbert, 3ydd Arglwydd Powis (tua 1626–96), Iarll 1af, Marcwis a Dug teitlog, welliannau sylweddol i'w gastell. Creodd ystafell seremonïol lawn cystal ag un y Brenin ac yna dechreuodd greu un o'r gerddi terasog Eidalaidd Baróc gorau yn Ewrop.

O bosib wedi'u dylunio gan William Winde, a greodd y Grisiau Crand (dros y dudalen) yn ystod y 1670au, mae terasau trawiadol Powis yn enghraifft brin o ymffrost Baróc. Yn syfrdanol o serth, gan fanteisio'n glyfar ar y brigiad tywodfaen coch y mae'r castell wedi'i adeiladu arno, mae'r arcedau rhaeadraidd hyn, gyda blancedi lliwgar o flodau drostynt a choed yw hynafol ar eu pennau, yn un o symbolau statws pennaf Powis.

Mae'r terasau trawiadol wedi'u hadeiladu gyda thywodfaen coch a brics coch, gyda chonglfeini, cerrig nadd a balwstradau tywodfaen llwydaidd. Mae'r Orendy'n cynnwys saith bae, gyda ffenestri codi tal. Mae'r tri bae canol yn ymwthio allan ac mae gan y porth canolog bilastrau y naill

ochr a'r llall iddo yn cynnal goruwchadail wedi'i fowldio. Mae'r bwa cylchrannol wedi'i wneud o garreg wedi'i gerwino'n ysgafn, ac mae'r tympan yn llawn gwaith haearn addurniadol. Mae cornis carreg yn rhedeg uwchben, gyda balwstradau wedi'u rhannu gan blinthau sy'n cynnal cerfluniau gwaith plwm gan y cerflunydd o'r Iseldiroedd, John Nost II (m.1729).

Ar yr haen nesaf mae'r Tŷ Adar, arcêd agored gyda balwstrad uwchben, y tro hwn wedi'i addurno ag yrnau plwm. Mae'r haen uchaf yn ymdebygu i oriel luniau gardd lle mae cilfachau pedimentog yn cynnwys yrnau ysblennydd wedi'u llenwi â blodau. Balwstradau siderog a choed yw tociedig mawr sy'n ffurfio'r ffrâm uchaf. Y tu hwnt i'r Orendy, y Tŷ Adar a'r 'oriel luniau', mae'r terasau'n ymestyn eu breichiau'n llydan ac wedi'u plannu â choed ffrwythau gwyntyllaidd a borderi blodau toreithiog.

Tua gwedd ddwyreiniol y castell mae un teras uchel, yn agos at y grisiau mawreddog sy'n dynesu at yr adeilad. Pan gafodd ei adeiladu, rhoddwyd tŷ gwledda ar ei ben, yn edrych dros erddi adrannol ffurfiol pellach, a gollwyd i waith tirlunio'r 18fed ganrif. Mae adain ddwyreiniol y teras yn dod i ben wrth gatiau aur godidog, a osodwyd i ddathlu dyrchafiad yr Arglwydd Powis yn Farcwis a Dug teitlog. EG

Castell Powis, Powys · Gardd deras Farôc · *Priodolwyd i William Winde (tua 1642–1722)* · *diwedd yr 17eg ganrif* · *Brics a thywodfaen coch* · *Cronfa'r Loteri Genedlaethol, 1965*

Â'r gwynt yn ei ddwrn

Gellid disgrifio'r rhan fwyaf o'r adeiladau sydd dan ofal yr Ymddiriedolaeth Genedlaethol fel gwerinol. Maen nhw'n fythynnod, ysguboriau maes a ffermydd, ac mae ein tirweddau gwledig yn frith ohonynt. Wedi'u hadeiladu o garreg leol, pren a phridd mewn arddulliau a addaswyd i'w cynefin, maen nhw'n adrodd stori'r oes a fu.

Hen ffermdy yw Treleddyd Fawr, wedi'i adeiladu o garreg rwbel, gyda tho llechi. Mae tirwedd Sir Benfro wedi'i siapio gan y prifwyntoedd de-orllewinol, felly mae'r adeilad cyfan wedi'i orchuddio â haenau o wyngalch i wrthsefyll y tywydd garw. Mae hyn yn ymestyn i'r to, lle gelwir ei ddefnydd yn lafoeri.

Mae'r ffenestri'n bitw ac wedi'u gosod i roi golau yn union lle mae ei angen, nid i greu ffasâd bwriadol o gytbwys. Mae mesurau atal drafft yn cynnwys portsh dwfn, 'pared gwynt' pren mewnol, a mainc â chefn uchel.

Mae'r tŷ wedi'i gofleidio gan adeiladau eraill y fferm, adeileddau bach sydd wedi'u lleoli blithdraphlith o gwmpas iard. Mae drysau o wahanol feintiau'n lledgyfeirio at eu defnydd blaenorol: sied wartheg, taflod (neu lofft wair) a granar, cytiau moch, stabl a sied gerti. EG

Treleddyd Fawr, Sir Benfro · Ffermdy · *Dechrau'r 18fed ganrif · Carreg, to llechi, gwyngalch · Cymynrodd Glyn Griffiths, 2013*

Cysylltiadau rhyngwladol

Ym 1686, priododd gweinyddwr y llywodraeth, William Blathwayt (tua 1649–1717) â Mary Wynter (1650–91), gyda'i fwriadau ar gyfer ei hystâd deuluol yn glir o'r cychwyn: 'I am afraid there will be a necessity of building a new house at Dirham …'. Rhwng 1692 a 1704, cafodd popeth ei ailwampio mewn arddull Faróc ffasiynol.

Huguenot go anadnabyddus, Samuel Hauduroy, a ddyluniodd y wedd orllewinol (dde). Roedd y wedd ddwyreiniol (dros y dudalen) gain gan y pensaer William Talman, Goruchwyliwr y Gwaith Brenhinol, gydag un o'i gydweithwyr i'r goron, George London (tua 1640–1714), yn helpu i osod y gerddi uchelgeisiol.

Roedd Dyrham yn ymgnawdoliad o ddiddordebau proffesiynol amrywiol Blathwayt. Dechreuodd ei yrfa yn yr Iseldiroedd a chyrhaeddodd ei anterth o dan y brenin Gwilym III (1650–1702) – mae'r cysylltiadau Iseldiraidd wedi'u hadlewyrchu yn y llestri Delft a'r crogluniau lledr ag ymylon aur. Blathwayt hefyd oedd gweinyddwr trefedigaethau pwysicaf y llywodraeth, a gyflëwyd drwy'r prennau a fewnforiwyd o Virginia a Carolina a'r arddangosfa o blanhigion egsotig, fel y prennau alwys mawr sy'n gwarchod drws y Tŷ Gwydr.

Ym 1717, cyhoeddodd Colen Campbell ail gyfrol *Vitruvius Britannicus*, a oedd yn cynnwys

gwedd ddwyreiniol a chynllun llawr Dyrham, gan nodi: 'the learned Patron has spared no Expense in leaving such lasting monuments of his Liberality'. Nid dim ond er hunanfoddhad y cyfoethog yr adeiladwyd Dyrham, ond fel datganiad o statws proffesiynol Blathwayt, ac mae bellach yn gofnod pwysig o oes o wladychu, gwrthdaro, a chwyldro economaidd a gwleidyddol. RG

Parc Dyrham, Swydd Gaerloyw · Plasty Barôc · *Samuel Hauduroy (gweithredol tua 1690–tua 1700) a William Talman (tua 1650–1719)* · *1692–1704* · *Ashlar calchfaen, to llechi a phlwm* · *Y Gronfa Dir Genedlaethol, 1956*

Isod · Gwedd ddwyreiniol Dyrham, fel y darlunnir yng Nghyfrol II *Vitruvius Britannicus* (1717, plât 91) Colen Campbell.

Tŷ mawr olaf Vanbrugh

Mae pensaernïaeth Syr John Vanbrugh yn hynod. Roedd ei steil yn cofleidio syniadau Paladaidd, yn cyfeirio at rwysg Elisabethaidd, yn ymgorffori sloch o soledrwydd Barwnaidd Albanaidd, ac yn rhoi pwyslais mawr ar wead a chysgod. Mae hon yn bensaernïaeth gyffrous a roddodd i'r bardd Protestannaidd a'r cyn-ddramodydd ail yrfa, yr ymrwymodd ei hun iddi ag angerdd nodweddiadol.

Plasty Seaton Delaval, a adeiladwyd rhwng tua 1718 a 1728 ar gyfer y Llyngesydd George Delaval (1668–1723), yw tŷ mawr olaf Vanbrugh, cefnder iau ei gewri pensaernïol eraill, Palas Blenheim a Chastell Howard. Gyda ffasâd hynod weadog, mae llinellau cysgod cryf yn cyfleu ymdeimlad o ddyfnder, a chydag islawr, conglfeini a cholofnau gerwin nodweddiadol Vanbrugh, gellid ei disgrifio'n hyderus fel 'pensaernïaeth gyhyrog'.

Dyma arddull Faróc hwyr Lloegr ar ei gorau. Mae bloc canolog mawreddog yn gartref i brif ystafelloedd, gyda logias yn cysylltu â dwy adain wasanaeth hir, gul sy'n wynebu'r cwrt mawr. Mae'r thema o erwino cryf yn parhau ar hyd yr adenydd, ac mae'r to cyfan wedi'i rannu gan dopwaith, yrnau a phedestalau yr oeddent i fod yn llwyfannau ar gyfer ffigyrau Clasurol. Mae'r cerfluniau i'w gweld yn narlun Colen Campbell

yn *Vitruvius Britannicus* (1715–25) ond ni chawsant eu hychwanegu mewn gwirionedd.

Heddiw, mae'r tŷ'n teimlo'n llawn gobaith a goleuni. Fodd bynnag, cymerodd stori Plasty Seaton Delaval dro trist ar noson y 3ydd Ionawr 1822, pan ruodd tân drwy ystafelloedd y prif floc ac adain y de-ddwyrain. Aeth yr adeilad di-do rhwng y cŵn a'r brain, tan tua 1862 pan osodwyd to gan y pensaer John Dobson, ond fel arall, cragen anghyfannedd oedd yr adeilad am amser maith, gyda'r teulu yn ddiweddarach yn creu llety yn adain y gegin.

Mae ffigyrau stwco sy'n cynrychioli pensaernïaeth, peintio, cerddoriaeth, cerlfluniaeth a daearyddiaeth, a adferwyd yn ddiweddar, yn rhythu i lawr ar y Fynedfa. Mae lloriau marmor a chalchfaen hefyd wedi'u hadfer, ynghyd â ffigyrau Clasurol a phaneli cerfwedd isel sy'n addurno lleoedd tân yr ystafelloedd gwych hyn, sy'n dal i ddangos creithiau'r tân ddwy ganrif yn ddiweddarach. EG

Plasty Seaton Delaval, Northumberland · Plasty Baróc hwyr · *Syr John Vanbrugh (1664–1726)* · *tua 1718–28* · *Ashlar tywodfaen, llechi Lakeland a tho llechi* · *Derbyniwyd yn lle treth etifeddiant, ac apêl gyhoeddus, 2009*

Dde · Syr John Vanbrugh (1664–1726) mewn portread o tua 1705 gan Syr Godfrey Kneller (1646–1723).

Yn ochelgar i'r ogof

Gwelodd y 18fed ganrif ddatblygiadau mewn sawl maes. Trafodwyd gwyddoniaeth, athroniaeth a'r celfyddydau mewn siopau coffi ffasiynol, ac aeth meibion y cyfoethog ar y Daith Fawr, gan deithio o gwmpas Ewrop gyfandirol, yn aml gyda thiwtor, i brofi ei diwylliant, ei hanes a'i golygfeydd. Dychwelsant ag angerdd am lên, celf a phensaernïaeth yr Ewrop Glasurol, a'r Eidal yn benodol, a dyhead i ail-greu tirweddau Clasurol ym marcdiroedd eu tai crand. Yma, ymblethwyd delfryd, celf a phensaernïaeth.

Ym 1725, cwblhawyd tŷ Stourhead gan y pensaer Colen Campbell (1676–1729) ar gyfer Henry Hoare I (1677–1725) mewn arddull Baladaidd. Crëwyd y tirlun yn raddol gan ei fab, Henry Hoare II (neu 'Henry the Magnificent', 1705–85), o 1744 ymlaen. Mae'r gosodiadau wrth ei galon yn cynnwys y Pantheon (1753–62), llyn (1754–5) a Phont Baladaidd (tua 1762). Estynnwyd y Groto ym 1776 drwy ychwanegu'r cyntedd.

O'r siambr fwaog ganolog mae cyntedd yn arwain at ogof Duw'r Afon, sy'n gartref i gerflun gan John Cheere (1709–87). Mae nymff yn ymlacio mewn cilfach fwaog oddi ar y brif siambr, ochr yn ochr â geiriau Alexander Pope, sydd wedi'u rhicio yn ymylon marmor y pwll (dde). Defnyddiwyd arddull gain y llythrennau fel sylfaen i ffont yr Ymddiriedolaeth Genedlaethol.

Mae gan y Groto, sy'n lle llaith, atseiniol, strwythur brics gyda tho a waliau wedi'u cladio i gyd mewn carreg fara, a llawr cobls addurniadol. Mae'n creu'r ddelwedd o fod wedi'i saernïo gan lif tanddaearol, sydd wedi gadael ar ei ôl le myfyriol, tawel. EG

Stourhead, Wiltshire · Groto · *William Privet o Chilmark (dyddiadau anhysbys) · 1748 a 1776 · Brics a charreg fara · Rhodd, 1946–7*

Canolbwynt campus

Yng nghanol y 1720au, cyfarfu'r entrepreneur cerrig o Gaerfaddon, Ralph Allen (tua 1693–1764) â'r aelod seneddol a thirfeddiannwr Robert Gay (tua 1676–1738) a'r pensaer John Wood yr Hynaf (1704–54). Arweiniodd hyn at drawsnewid Caerfaddon yn lle poblogaidd i'r bonedd ymgasglu ac ymdrochi.

Rhwng 1726 a 1728, prynodd Ralph Allen dir ar gyrion gogleddol Caerfaddon. Comisiynodd ddyluniadau ar gyfer tŷ newydd gan John Wood yr Hynaf ac adeiladwyd Prior Park rhwng tua 1733 a 1750.

Rhwng 1734 a thua 1740, ar sail cyngor Alexander Pope (1688–1744), dechreuodd Allen lenwi tirwedd Prior Park, gan ychwanegu groto, afon ddolennog a gwylltir. Yn goron ar y gwaith mae pont Baladaidd Richard Jones, a gyflwynwyd yn ystod y 1750au i bontio'r rhaeadr. Roedd yn gopi o bont Roger Morris yn Wilton, a adeiladwyd gwta flwyddyn cyn pont Baladaidd James Gibbs yn Stowe. Mae'r tair wedi'u modelu ar ddyluniad a wrthodwyd o tua 1556 ar gyfer Pont Rialto yn Fenis gan Andrea Palladio (1508–80). EG

Gardd Dirlun Prior Park, Gwlad yr Haf · Pont Baladaidd · *Richard Jones (dyddiadau anhysbys)* · *1750au* · *Ashlar carreg Caerfaddon, to llechi* · *Rhodd, 1993*

Mawredd Neo-glasurol

Ym 1759, yn dilyn marwolaeth ei dad, aeth Nathaniel Curzon (1726–1804), Barwn 1af Scarsdale, i'r afael â rhaglen o drawsnewid yng nghartref y teulu, Plasty Kedleston. Byddai'n dod yn un o'r tai Neo-glasurol gwychaf yn Lloegr.

Roedd Plasty Kedleston ar ei newydd wedd yn ddatganiad pensaernïol crand digywilydd. Dewisodd Curzon ddyluniad gan y pensaer Matthew Brettingham, a ysbrydolwyd gan Villa Mocenigo Palladio, a ddarluniwyd yn Llyfr II *Quattro Libri dell'Architettura* Palladio (1570). Mae'r fila'n cynnwys bloc canolog gyda cholonadau cwadrant yn cysylltu â phedwar pafiliwn. Mae'r cynllun yn edrych ychydig fel broga wedi'i wasgu. Fodd bynnag, dim ond y ddwy adain ogleddol a gwblhawyd.

Goruchwyliwyd llawer o'r gwaith o ailadeiladu Kedleston gan y pensaer James Paine, a gydweithiodd gyda Robert Adam ym Mhriordy Nostell. Petai'r cynllun llawn gwreiddiol wedi'i gwblhau yn y ddau dŷ, byddent wedi bod yn drawiadol o debyg, ond mae cymeriad Kedleston yn fywiocach o lawer, gyda dyfnder ac animeiddiad i'w ffasâdau.

Roedd Curzon, a swynai benseiri bendigedig i bob golwg, wedi comisiynu Adam i greu tirlun yn Kedleston ac i ddylunio adeiladau'r ardd, gan

gynnwys cabanau'r gogledd a'r de, baddondy, tŷ cychod, pont gain â thri bwa, ac orendy. Ar ôl ymgynghori ag ef, awgrymodd Adam newidiadau i ddyluniadau Brettingham ac erbyn 1760 roedd Curzon wedi ei benodi'n rheolwr ar y prosiect.

Ysbrydolwyd Brettingham, Paine ac Adam i gyd gan bensaernïaeth Andrea Palladio – ond dewisasant ddefnyddio'r cynhwysion mewn gwahanol ffyrdd. Y canlyniad yw tŷ o ddau gymeriad gwahanol. Mae un wedd yn ddigon disgwyliadwy: yr ochr ogleddol – llydan, adeiniog, gyda cholofnau Corinthaidd yn cynnal y portico a'r cerflunwaith nodweddiadol uwchben islawr wedi'i erwino. Mae'r wedd gyferbyn, wyneb y de, yn gofleidiol, lluniaidd a dathliadol, gyda chryndo Adam, yn goron ar rotwnda'r Salŵn, i'w weld yn glir. Mae'r drefn Gorinthaidd yn parhau, ond y tro hwn gyda cholofnau ar wahân, i gyd yn cynnal eu goruwchadail tal eu hunain.

Y tu mewn, mae'r Salŵn wedi'i ysbrydoli'n amlwg gan y Pantheon yn Rhufain, gyda chyfres o ystafelloedd trawiadol wedi'u peintio a'u cerfio â golygfeydd o'r henfyd, i gyd yn unol â dyluniadau Adam. Y gofod gwychaf, fodd bynnag, yw'r Neuadd Farmor â'i cholofnau alabastr pinc, gwaith plastr cain a phaneli llwydlun. EG

Plasty Kedleston, Swydd Derby · Plasty Paladaidd · *Robert Adam (1728–92) yn bennaf, gyda Matthew Brettingham (1699–1769) a James Paine (tua 1717–89) · 1759–65 · Brics coch ag ashlar a rendrad, to llechi Cymreig · Rhodd, 1987*

Cynllun pyramid

Collwyd y priordy Awstinaidd a roddodd ei enw i Nostell i Ddiddymiad y Mynachlogydd ym 1540, ac yn fuan wedi hynny cafodd yr adeiladau mynachaidd a oroesodd eu troi'n gartref. Prynwyd y safle ym 1654 gan y teulu Winn, a wnaeth eu ffortiwn yn y fasnach decstilau. Dair cenhedlaeth yn ddiweddarach, ar ôl elwa o gytundebau priodas hael, comisiynodd Syr Rowland Winn (1706-65), y 4ydd Barwnig, y pensaer amatur, y Cyrnol James Moyser (tua 1688-1751), i ddylunio plasty Paladaidd newydd mawreddog. Addaswyd y dyluniadau hyn wedyn gan James Paine (tua 1717-89), gan greu bloc canolog gyda phedwar pafiliwn cysylltiedig ym mhob cornel. Cyflogodd y 5ed Barwnig (Syr Rowland Winn arall) y ffasiynol Robert Adam i ddiweddaru'r cynlluniau, gan greu ystafelloedd ychwanegol a llenwi'r parc â phafiliynau a chabanau.

Wedi'i leoli i'r gogledd o'r tŷ ac yn pontio rhodfa'r gogledd, adeiladwyd un o'r pafiliynau hyn, yr Obelisk Lodge, i ddyluniad Adam ym 1776 neu 1777, o dan yr enw gwreiddiol Featherstone Lodge. Mae ei ffurf drawiadol yn byramid cul – neu'n hytrach obelisg bondew – gyda phegwn pyramidaidd gwastatach. Mae naws arallfydol i'r adeilad, bron, fel petai aderyn anferth wedi'i ollwng yn annisgwyl ar ben teml Dysganaidd.

Mae wynebau tywodfaen y caban yn llyfn a diaddurn ar y cyfan, ar wahân i'r porth bwaog llydan sydd wedi'i fframio â cholofnau Tysganaidd enfawr a goruwchadail pedimentog. Mae cornis yn rhedeg o gwmpas y pyramid o'r pediment, ac mae ffenestr gylchol ffug uwch ei ben. Mae'r caban yn pontio darn byr o wal y parc. Mae ystafelloedd bychan y llawr gwaelod a'r llawr cyntaf wedi'u goleuo gan ffenestri cul a'u cynhesu gan danau, y mae eu simneiau'n codi o fewn y pyramid. Mae'n siŵr y byddai'r olygfa wedi bod yn un hynod i ymwelwyr yn cyrraedd ar noson aeafol, gyda ffenestri'n tywynnu fel llygaid a mwg yn codi o big y pyramid. EG

Nostell, Gorllewin Swydd Efrog · Caban Neo-glasurol · *Cynllun gan Robert Adam (1728-92)* · *1776-7* · *Ashlar tywodfaen* · *Prynwyd gyda chyllid Cronfa Dreftadaeth y Loteri, 2002*

Tŷ tref Sioraidd

Arweiniodd llwyddiant masnachol Lerpwl yn y maes masnachu trawsiwerydd drwy gydol y 18fed a'r 19eg ganrif at ailddatblygu cyflym, sylweddol. Erbyn 1740, Lerpwl oedd prif fasnachwr pobl gaeth Ewrop, gyda llongau'n dychwelyd i Lerpwl dan eu sang â thybaco, siwgwr, rỳm a chotwm. Adeiladodd y mewnlifiad enfawr hwn o arian dai tref crand a phensaernïaeth gyhoeddus, perthynas a amlygwyd yn ddi-flewyn-ar-dafod gan y Parchedig William Bagshaw Stevens ym 1797 pan ddisgrifiodd y ddinas fel tref adeiledig fawr lle mae pob bricsen wedi'i smentio i'r llall gan waed a chwys pobl gaeth.

   Cynlluniwyd Rodney Street gan William Roscoe ac eraill ar gyrion dwyreiniol y dref ym 1783-4, a datblygodd fesul tipyn hyd at y 1820au. Er gwaethaf hyn, mae bwriad clir i greu delwedd o gydlyniant gyda'r defnydd o bediment dros y tŷ pum bae, sy'n cyfleu'r awgrym o rywbeth crandiach na chyfres o dai diymhongar. Mae ffenestri codi tal a drysau ffrynt smart â ffenestr linter yn nodweddiadol o dai tref Sioraidd. Defnyddiwyd haearn gyrru ar gyfer addurniadau fel rheiliau, balconïau a bracedi llusernau, ac mae'r manylion yn bennaf Neo-glasurol eu gwedd. EG

59 Rodney Street, Lerpwl · Teras Sioraidd · *1783-4* · *Brics coch gyda cherrig nadd wedi'u rendro, to llechi Cymreig · Rhodd gan Ymddiriedolaeth Edward Chambré Hardman, 2002*

Cylchoedd cariad

Gall nwyd ac angerdd arwain at lawer peth: cysylltiad emosiynol dwys, creadigrwydd neu drasiedi. Mae Teml Mussenden, sy'n eistedd ar ymyl clogwyn yn edrych dros yr Iwerydd gwyllt, yn ymgorffori pob un o'r rhain: angerdd y mympwyol Frederick Hervey, Iarll Esgob y Deri (1730–1803), am adeiladau Clasurol crwn, am wylltineb arfordir y Deri, ac am ei gyfnither hardd, Frideswide Mussenden, a fu farw'n druenus o ifanc yn 22 oed.

Ymaelododd mab ieuengaf y teulu Hervey, Frederick, â'r Eglwys heb unrhyw obeithion mawr i'r dyfodol, ond drwy gyfuniad o lwc, grym personoliaeth a marwolaeth ei ddau frawd hŷn cyn eu hamser, etifeddodd Esgobaeth y Deri, un o'r cyfoethocaf yn Iwerddon, a theitl y teulu fel 4ydd Iarll Bryste. Ni fyddai'n ymroi gormod o'i amser i unrhyw beth, ac ymrwymodd ddiwedd ei oes i'r Eidal, gan gasglu cerfluniau hynafol ac ysbrydoliaeth ar gyfer ei brosiectau pensaernïol. Nid yw ei dŷ crwn cyntaf, yn Ballyscullion, wedi goroesi, ac roedd ei dŷ hirgrwn yn Ickworth, Suffolk (tudalennau 116–17), yn anorffenedig ar ei farwolaeth, ond mae Teml Mussenden, y gyntaf a mwyaf dramatig o'i greadigaethau, wedi goroesi, er bod y gorffeniadau mewnol wedi'u colli.

Wedi'i ysbrydoli gan bensaernïaeth Glasurol a chyfnod y Dadeni, mae'n strwythur syml o gain: uwchlaw'r crypt mae siambr fawr, gylchol, a oedd yn gartref i lyfrgell yr Iarll Esgob o dan gromen wedi'i rhannu'n baneli, gyda golygfeydd o'r môr i'r gogledd, y dwyrain a'r gorllewin. Mae wrn Clasurol mawr ar ben y gromen ac mae'r drwm carreg enfawr wedi'i addurno ag 16 o golofnau Corinthaidd cysylltiedig, sy'n cynnal goruwchadail wedi'i addurno â meitrau'r esgob ac 'ownsiaid' (llewpardiaid yr eira) herodrol yr Iarll, ynghyd â thestun teimladwy o *De Rerum Natura* Lucretius, a gyfieithwyd i'r Saesneg gan Dryden fel a ganlyn: 'Tis pleasant, safely to behold from shore / The rolling ship, and hear the tempest roar'. FB

Teml Mussenden, Downhill, Swydd Deri · Llyfrgell rotwnda Neo-glasurol · *Michael Shanahan (1731–1811)* · *1783–5* · *Calchfaen, to copr* · *Rhodd, 1949*

Microcosm diwydiannol

Trawsnewidiodd y Chwyldro Diwydiannol ar ddiwedd y 18fed ganrif y dirwedd drefol a gwledig, gan newid cwrs Prydain ar y map masnachu byd-eang am byth.

Samuel Greg (1758–1834) oedd un o'r entrepreneuriaid a gofleidiodd y technolegau newydd a'r galw am nwyddau, gan adeiladu ei felin gyntaf ym 1784 a dyblu ei maint ym 1796. Ym 1797 adeiladodd Greg dŷ'r teulu drws nesaf i'r felin a datblygu pentref Styal i'w weithwyr. Mae cyflawnrwydd y gymuned yn gwneud Quarry Bank a Styal yn oroeswyr unigryw.

Cludwyd cotwm crai ar hyd Camlas Bridgewater o Lerpwl. Wedi'i phweru i ddechrau gan Afon Bollin sy'n rhedeg drwy'r cwm, ac yn ddiweddarach gan injans stêm enfawr, tyfodd Melin Quarry Bank i fod yn un o'r busnesau gweithgynhyrchu cotwm mwyaf yn y byd.

Mae gan ran gynharaf y felin, sydd â thri bae, bediment côb garreg gyda chiwpola cloc a chloch ar y to, ynghyd ag arysgrif sy'n darllen 'Quarry Bank Mills Built by Samuel Greg Esquire of Belfast Ireland Anno Domini 1784'. Ehangwyd y strwythur bychan hwn yn gyflym ar ddechrau'r 19eg ganrif, gydag ail olwyn ddŵr (10m mewn diamedr) yn cael ei hychwanegu ym 1819. Ym 1810 prynwyd yr injan stêm gyntaf, gan Boulton & Watt, i wneud iawn am y gostyngiad yn llif yr

afon yn ystod yr haf, ac ychwanegwyd simnai wythonglog enfawr. Pan gymerodd Robert, mab Samuel, yr awenau ym 1834, ychwanegodd sied wehyddu pedwar llawr a 305 o wyddiau (fframiau gwau), a olygai fod angen colofnau haearn i gynnal y lloriau eang, a oedd dan eu sang â pheirianwaith haearn.

Datblygwyd pentref Styal o amgylch clwstwr o ffermydd a bythynnod hŷn i wasanaethu cymuned newydd y felin. Mae'n cyfuno terasau a bythynnod o wahanol feintiau, fel Oak Cottages (gyferbyn), pob un â'i randir ei hun a thŷ bach. Maent i gyd wedi'u hadeiladu o frics coch a llechi Cymreig gyda ffenestri cwarel bach neu ffenestri codi pren a grisiau cerrig a chobls.

Gwasanaethwyd y gymuned gan ysgol, siopau a chapeli – un Methodistaidd, wedi'i drosi o storfa hadau, a Chapel Bedyddwyr Norcliffe, a adeiladwyd gan Samuel Greg ym 1823 mewn arddull Gothig gyda phorth ffrâm coed a chwt clychau.

Adeiladodd Greg dŷ'r prentisiaid wrth ymyl y ffordd rhwng y felin a phentref Styal ym 1790. Mae'n betryalog ei gynllun, wedi'i adeiladu o frics, yn cynnwys tri llawr, gyda tho â dwy grib baralel. Roedd yn lletya hyd at 90 o blant mor ifanc ag wyth, a anfonwyd i weithio yn y felin. Naw mlynedd yn ddiweddarach, ychwanegwyd Tŷ Quarry Bank, fila Sioraidd diymhongar gyda bae canolog ymwthiol o frics wedi'u rendro gyda phorth to gwydr ar golofnau rhychiog, mewn teyrnged i gywirdeb Neo-glasurol.

Yn wahanol i ddiwydianwyr llwyddiannus eraill, dewisodd Greg fyw ar y safle, ynghanol bwrlwm bywyd y felin, gyda chartref y teulu a'r ardd wedi'u hadeiladu i edrych dros y Bollin a gludai'r ynni i bweru ei ymerodraeth. EG

Melin Quarry Bank a Phentref Styal, Swydd Gaer · Melin gotwm, bythynnod teras, lletty prentisiaid a fila Sioraidd · *1784 ymlaen (y felin), 1790 (tŷ'r prentisiaid), 1797 (Tŷ Quarry Bank), 1820 (bythynnod Styal) · Brics coch (Tŷ Quarry Bank), to llechi Cymreig · Rhodd Greg, 1939 (Y Felin a'r Ystâd); pryniant, 2006 (Tŷ Quarry Bank, Gardd Isaf); pryniant, 2010 (Gardd Uchaf)*

Gwledda gwych

Daeth y 18fed ganrif ag obsesiwn â'r byd Clasurol. Dyma oes y Daith Fawr, pan ddychwelodd penseiri, artistiaid a noddwyr cyfoethog â llwyth o frasluniau o adfeilion Groegaidd a Rhufeinig, lluniau a cherfluniau i addurno eu templau modern.

Un o'r gwychaf yw Teml y Gwyntoedd ym Mount Stewart, a ddyluniwyd gan James 'Athenian' Stuart ar gyfer Marcwis 1af y Deri. Ysbrydolwyd y deml gan Dŵr y Gwyntoedd yn Athen, adeilad wythonglog yn dyddio o 50CC o leiaf. Mae ganddi ffris wedi'i gerfio â'r wyth gwynt, sy'n esbonio'r enw, ac mae deial haul ar bob wyneb hefyd. Ailddehonglwyd y lleoliad gan Stuart ym Mount Stewart fel tŷ gwledda, wedi'i osod ar fryn bach yn edrych dros Lyn Strangford gyda Mynyddoedd Mourne ar y gorwel.

Mae gan ddau o'r wyth wyneb borticos bach wedi'u codi ar golofnau rhychiog mewn dull Corinthaidd cynnil, sy'n cynnal balconïau archwilio. Yn y cefn mae tyred cromennog, silindraidd sy'n cynnwys grisiau troellog. Y tu mewn, mae'r gofod wedi'i addurno'n gain, gyda llawr argaenwaith gan John Ferguson, a weithiodd hefyd ar y prif dŷ, a nenfwd gwaith plastr cerfwedd isel gan William Fitzgerald o Ddulyn. EG

Teml y Gwyntoedd, Mount Stewart, Swydd Down ·
Tŷ gwledda Neo-glasurol · James 'Athenian' Stuart (1713–88) · 1785 · Wyneb tywodfaen Scrabo, to llechi · Rhodd gan y Fonesig Mairi Bury, 1962

Cysegredig er cof

Cynlluniwyd Beddadail Templetown gan y pensaer Neo-glasurol enwog, Robert Adam, yn un o'i ymddangosiadau prin ar dir yr ynys werdd. Cafodd Adam ei gomisiynu yn y 1780au gan Clotworthy Upton, Barwn 1af Templetown (1721–85), i gyflawni addasiadau i'w dŷ, Castle Upton, ac ymddengys bod ei chwaer-yng-nghyfraith, Sarah Upton, wedi manteisio ar y cysylltiad hwn ag Adam i gomisiynu beddrod i'w diweddar ŵr, y Gwir Barchedig Arthur Upton (1715–68), brawd hŷn Clotworthy. Fe'i cwblhawyd ym 1789.

Wedi'i adeiladu o galchfaen llwyd golau, nid yw'r beddadail yn arbennig o addurnedig – ac eithrio cornis â llinell ddeintell a ffris plaen, mae'r addurno wedi'i ganolbwyntio ar wedd y fynedfa. Mae dwy darian gron o garreg Coade gyda ffigyrau basgerfwedd a phâr o yrnau'n meddiannu cilfachau y naill ochr i'r fynedfa fwaog, gyda thrydydd ar blinth uwch ei ben. Mae'r plinth wedi'i addurno â swagiau a tharian grog ddeiliog uwchben llechen farmor sy'n datgan, 'Sacred to the Memory of the Right Honourable Arthur Upton'. EG

Beddadail Templetown, Swydd Antrim · Beddadail Neo-glasurol · *Robert Adam (1728–92)* · *1789* · *Ashlar calchfaen a charreg rwbel, to pyramidaidd ashlar calchfaen* · *Rhodd, 1964*

Uchod · Robert Adam (1728–92) mewn portread o tua 1770–4 sydd wedi'i briodoli i George Willison (1741–97).

Caeth i'r clasuron

Ffrwyth angerdd am rotwndâu yw Ickworth. Wedi'i greu gan Frederick Hervey (1730–1803), Esgob y Deri, a 4ydd Iarll Bryste, daeth yn dynn ar sodlau ei dŷ sydd bellach wedi'i golli, a adeiladwyd ym 1787 yn Ballyscullion, a oedd hefyd ar ffurf cilgant gyda rotwnda canolog, a Theml Mussenden â'i leoliad ysblennydd (gweler tudalen 106), llyfrgell gron fechan yn eistedd yn uchel ar glogwyni Downhill, Swydd Deri. Treuliodd lawer o amser yn yr Eidal, lle taniodd ei obsesiwn gyda'r ffurf Glasurol.

Yn gasglwr brwd, ym 1781 comisiynodd Mario Asprucci i ddylunio rhywle i arddangos ei gasgliad yn Ickworth. Fe'i gweithredwyd ym 1795 gan Francis Sandys, a fu'n gweithio i'r Iarll-Esgob yn Iwerddon. Mae gan y Rotwnda ddwy haen o bilastrau, yr Ïonig islaw a'r Corinthaidd uchben, gyda ffris terracotta ar eu pennau, gydag ail ffris yn rhedeg rhwng y pilastrau Ïonig. Crëwyd y rhain gan y brodyr Carabelli o Milan, ac maent yn seiliedig ar luniau John Flaxman o lenyddiaeth Homeraidd.

Y bwriad oedd dodrefnu'r Rotwnda fel cartref teuluol, gyda'r adenydd ystlysol yn arddangos ei gasgliad cynyddol o gelf, ond ym 1798, atafaelwyd casgliad celf yr Iarll-Esgob gan fyddin Napoleonaidd. Treuliodd weddill ei oes, hyd at ei farwolaeth ym 1803, yn ymgyrchu dros ddychwelyd y casgliad, ac ni welodd yr adeilad gorffenedig. EG

Ickworth, Suffolk • Plasty Neo-glasurol • *Mario Asprucci (1764–1804)* • *1795 ymlaen* • *Brics stwco, toeau llechi a phlwm* • *Y Gronfa Dir Genedlaethol, 1956*

To trwstan

Mae anheddiad hir, cul Branscombe, sy'n troi
o gylch eglwys Normanaidd ac yn troelli i lawr
tua'r lan, wedi esblygu dros ganrifoedd. Mae
adeiladau cynnar a diweddarach yn rhyngweithio
â'i gilydd, llawer wedi'u huno gan eu toeau
gwellt, gan gynnwys gefail y pentref, sy'n dyddio
o'r 18fed ganrif. Mae ei tho gwellt, sy'n ddewis
anarferol o bosib ar gyfer gefail, yn eistedd fel
boned fawr ar yr adeilad bach hwn, gan ostwng
yn isel tua'r ddaear, lle mae wedi'i ymestyn i
orchuddio ardal gysgodol a storfa bren, wedi'u
cynnal gan byst pren.

Yn nodweddiadol o'r rhan hon o Ddyfnaint,
mae'r waliau wedi'u gwneud o gerrig rwbel
bach o ansawdd gwael, a morter calch trwchus.
Mae'r brif ystafell, neu efail y gof, lle arfera'r
gweithiwr ei grefft, yn dal i gynnwys gefail y
18fed ganrif, gyda simnai frics ddiweddarach i
gludo mwg a gwreichion ymaith yn ddiogel. Mae
gefeiliau pentrefi sy'n cynhyrchu gwaith haearn
addurniadol – gatiau, rheiliau a cheiliogod gwynt
– yn bethau prin heddiw. Yn hanesyddol, fodd
bynnag, byddai adeiladau bach fel yr un hwn wedi
bod wrth galon pob cymuned, mewn oes pan
mai'r ceffyl oedd y tractor a fwydai'r genedl. EG

Gefail Branscombe, Dyfnaint · Gefail · *Y 18fed a'r 19eg ganrif*
· *Carreg rwbel, to gwellt · Y Gronfa Dir Genedlaethol, 1965*

Archdeip amaethyddol

Comisiynwyd Samuel Wyatt tua 1803 gan Thomas, Is-iarll 1af Anson (1767–1818), i adnewyddu Plasty Shugborough. Roedd Wyatt yn frwd am bensaernïaeth Neo-glasurol, ar ôl bod yn Oruchwyliwr Gwaith i Robert Adam, y bu'n gweithio gydag ef ar Blasty Kedleston.

Mae'n debygol y comisiynwyd Wyatt, un o drigolion lleol Lichfield, ar gyngor gwraig Anson, y Fonesig Anne Coke o Blasty Holkham, lle, fel pensaer yr ystâd, y cyflawnodd welliannau amaethyddol ar raddfa fawr. Cyflogwyd Samuel Wyatt gan Anson i ddylunio dwy set o adeiladau fferm, White Barn Farm a Park Farm, i wasanaethu fferm helaeth, 2,000 erw o faint.

Park Farm, a ddyluniwyd fel canolbwynt, yw'r hyn y cyfeiriwn ato heddiw fel fferm enghreifftiol. Nododd twf dyluniadau fferm 'trefnedig' neu 'enghreifftiol' symudiad o ffermio ymgynhaliol i ffermio masnachol ar raddfa fwy, chwyldro amaethyddol a ddigwyddodd ochr yn ochr â'r Chwyldro Diwydiannol.

Yn Shugborough, roedd un o'r melinau dyrnu cyntaf a yrrwyd gan ddŵr yn White Barn Farm, ac roedd melin ŷd a bwerwyd gan ddŵr yn Park Farm. Mae dwy gamlas hefyd yn llifo ar hyd ffin yr ystâd, yn galluogi i gynnyrch dros ben – caws, cig a da byw – gael ei allforio i Birmingham a thanwydd a chalch gael ei gludo i Shugborough yn y symiau mawr angenrheidiol.

Wedi'i hadeiladu o frics coch a llechi, mae Park Farm wedi'i lleoli yng nghanol y parc, yn agos at Dŵr y Gwyntoedd, a droswyd yn rhannol gan Wyatt yn llaethdy gweithredol. Mae'r fferm hefyd yn cynnwys tŷ'r stiward, stablau, siediau gwartheg, fferm foch a thŷ adar (chwith). EG

Park Farm Shugborough, Swydd Stafford · Fferm enghreifftiol · *Samuel Wyatt (1737–1807)* · *tua 1803* · *Brics coch, to llechi* · *Y Gronfa Dir Genedlaethol, 1966*

Blaise i blesio

Roedd Thomas Farr yn fasnachwr trawsiwerydd mewn nwyddau a phobl gaeth. Adeiladodd ffoledd y castell a thiroedd hamdden ym 1766, yn ôl pob sôn i wylio ei longau'n dychwelyd i Fryste. Ym 1778, aeth Farr yn fethdalwr ar ôl i'w longau gael eu rhoi dan warchae yn ystod Rhyfel Annibyniaeth America, a gwerthodd ei ystâd.

Ym 1789, prynodd y Crynwr o fancwr, John Scandrett Harford yr Hynaf (1754–1815), ystâd Blaise. Comisiynodd Harford y pensaer o Fryste, William Paty, i ddylunio tŷ syml, plaen, a chwblhawyd Blaise Castle House i'r perwyl hwnnw ym 1796. Yna gwahoddodd y pensaer tirlunio ffasiynol Humphry Repton (1752–1818) i ymweld, a chynhyrchodd Repton Lyfr Coch ar gyfer Blaise ym 1796. Maes o law, deuai'r lleoliad hardd hwn yn gefnlen i Bentrefan Blaise.

Erbyn 1804 roedd Harford wedi comisiynu John Nash, hoff bensaer y Rhaglyw Dywysog, i adeiladu llaethdy addurniadol tua 1804 ac orendy ym 1806. Gellir priodoli hyn yn deg i anogaeth Repton, yr oedd Nash wedi ffurfio partneriaeth ag ef. Erbyn 1810, roedd Nash yn creu pentref bach o naw bwthyn *orné* unigol, fel cartrefi ymddeol i staff yr ystâd.

Mae pob tŷ yn Blaise yn wahanol, gan ddwyn i gof natur organig esblygiad pentrefi dros ganrifoedd. Mae'r deunyddiau a'r manylion yn cyfuno'r cynhenid a'r hynafiaethol. Gwelwn simneiau brics clystyrog, wedi'u trefnu mewn patrwm lletraws, wedi'u benthyca o oes y Tuduriaid, toeau teils carreg a gwellt (fel y dangosir yn y llun archif o 1867 isod), bondoi a phentisiau sy'n bargodi'n ddwfn, ffenestri cwarel bach a drysau estyll plaen. EG

Pentrefan Blaise, Gwlad yr Haf • Bythynnod ornés • *John Nash (1752–1835) • 1804–10 • Deunyddiau amrywiol, carreg rwbel a brics yn bennaf, toeau teils carreg a gwellt • Rhodd, 1943*

Seren y sioe

Mae gan Bury St Edmunds hanes hir ym myd y theatr, yn dyddio o'r Oesoedd Canol. Ym 1608, dinistriodd Tân Mawr Bury y Groes Farchnad bren, y prif safle perfformio cyn hynny, ynghyd â chryn dipyn o ganol y dref. Erbyn 1725, roedd theatr barhaol wedi'i chreu, ar lawr cyntaf y Groes Farchnad newydd, ac ym 1774 cafodd ei hailddylunio gan Robert Adam fel adeilad Paladaidd deniadol sy'n goroesi hyd heddiw. Fodd bynnag, cyn bo hir sylweddolwyd bod hwn yn rhy fach, ac ym 1819 agorodd William Wilkins ei Theatr Frenhinol.

Dyluniwyd yr adeilad Neo-glasurol â'i waith stwco pensaernïol-ddiymhongar gan ei fab

William, a oedd yn bensaer, a greodd hefyd yr Oriel Genedlaethol a llawer o adeiladau coleg Caergrawnt. Mae dyluniad Wilkins yn manteisio ar safle ar oleddf naturiol, a leihaodd yr angen am waith cloddio. Mae'r awditoriwm wedi'i amgylchynu gan golofnau haearn bwrw cul, gwrymiog gyda chapanau dail acanthws ac addurniadau Etrwsgaidd ar hyd yr orielau. Mae rhan helaeth o strwythur gwreiddiol ardal y llwyfan i'w gweld o hyd: waliau, to, bae golygfeydd a bwa proseniwm, ac o'u blaen fe welwch flaen y llwyfan, lle mae'r perfformiadau'n digwydd.

Roedd theatr cyfnod y Rhaglywiaeth yn llawn miri, sŵn a chyffro. Roedd y cynulleidfaoedd yn siarad a bloeddio drwyddi draw. Roedd trapddorau, rhaeadrau, cymylau'n crwydro, llongau'n arnofio a phob math o synau arbennig. Byddai'r golygfeydd neu setiau'n cael eu gostwng o fyny fry, a'r lloriau'n cael eu sleidio i mewn o'r ochrau mewn sianeli arbennig. Roedd y lleoliad cyfan yn cael ei oleuo gan lampau olew tan ddyfodiad trydan ym 1906. EG

Theatr Frenhinol, Bury St Edmunds, Suffolk · Theatr Neo-glasurol cyfnod y Rhaglywiaeth · *William Wilkins (1778–1839)* · *1819* · *Brics gwyn a stwco, to llechi* · *Prydles 999 mlynedd gan Greene, King & Sons, 1974*

Hafan haearn

Datblygodd diddordeb mewn casglu, tyfu ac arddangos planhigion bregus o ddiwedd yr 17eg ganrif gyda'r ffasiwn am sitrws, wedi'u plannu mewn potiau mawr a'u gosod mewn 'orendai' cysgodol yn ystod y misoedd oerach. Mae tai gwydr yn wahanol i'r adeileddau hyn gan eu bod yn cynnwys gwelyau dan do parhaol ar gyfer tyfu planhigion drwy gydol y flwyddyn, na fyddent yn goroesi yn yr awyr agored. Daeth tai gwydr yn fwyfwy poblogaidd drwy gydol y 19eg ganrif gan fod gwydr ar gael yn haws.

Rywbryd cyn 1810, ymwelodd y pensaer Jeffry Wyatville â Belton i ailwampio'r tŷ. Roedd dyluniad tŷ gwydr Wyatville ym 1810 (adeiladwyd tua 1820) yn gwneud defnydd o fanteision strwythurol haearn bwrw, a oedd newydd eu darganfod, gan greu gofod uchel, agored gyda ffrâm ysgafn.

Mae'r colofnau haearn rhwyllog main yn edrych yn beryglus o fregus. Maent yn codi o blinthau carreg destlus gyda chapanau dail acanthws syml ar eu pennau, ac uwchben y rhain mae to ffrâm haearn talcennog gyda mecanweithiau awyru haearn.

Mae'r adeilad yn annisgwyl o fodern, gyda philastrau ashlar plaen a blociau gwydr tal i'w gweld am yn ail, yn debyg iawn i ystafell haul o'r 1930au. Mae'r ddau fae allanol o'r naw yn gulach, ac mae'r balwstrad yma yn solid, gan roi pwyslais cynnil ar y corneli. Mae'r ffenestri mawr wedi'u peintio'n wyrdd tywyll, sy'n gwneud iddynt ymddangos fel petaent yn encilio, tra bod y pilastrau ashlar golau'n mynnu sylw.

Mae'r ddau wely plannu mawr yn gartref i balmwydd, camelias a phlanhigion isdrofannol eraill. Ynghanol yr adeilad mae pwll dŵr â ffynnon ac, yn y cefn, foelerdy sy'n bwydo'r system aer poeth dan y llawr. EG

Belton, Swydd Lincoln · Tŷ gwydr Neo-glasurol · *Jeffry Wyatville (1766-1840) · 1820 · Ffrâm haearn bwrw gyda phileri ashlar, to gwydr · Rhodd, 1984*

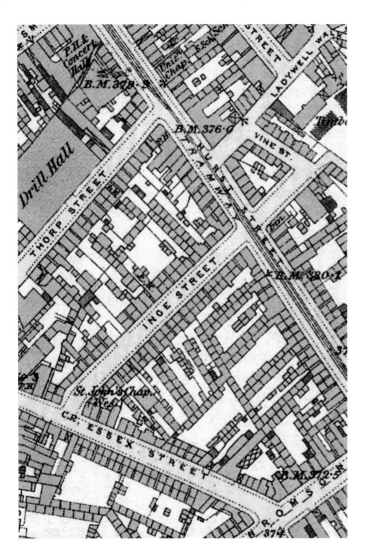

Bwrlwm o ddiwydiant

Datblygwyd tai cefn-wrth-gefn fel ateb i'r
mewnlifiad enfawr i ddinasoedd yn ystod y
Chwyldro Diwydiannol. Roedd pob cartref yn
ffinio ar dair ochr â chymydog, gydag un set o
rifau tai'n wynebu'r stryd a'r rhai y tu cefn iddynt
yn wynebu iard gymunedol. Arweiniodd y fath
ddwyster o bobl at safonau iechyd a hylendid
gwael. Caniataodd Deddf Iechyd y Cyhoedd
1875 i gorfforaethau trefol wahardd tai cefn-
wrth-gefn newydd, gan yn hytrach adeiladu
'tai teras is-ddeddf'.

Wrth galon canolfan fasnach Birmingham yr
21ain ganrif mae Court 15, poced fechan o dwf
trefol diwydiannol cynnar. Mae llyfr cyfradd
ardollau o 1823 yn cyfeirio at brydles o 1789 ac
adeiladwyd y tŷ cyntaf ym 1802, a rannwyd yn
ddwy annedd lai yn y 1820au. Ychwanegwyd tai
pellach i'r cwrt, gyda llawer yn cael eu haddasu
at ddefnydd masnachol dros y degawdau dilynol.

Mae'r tai cefn-wrth-gefn yn dwyn i gof
gynllun tai a ddominyddodd y dirwedd drefol o
ddechrau'r 19eg ganrif. Arferai'r bloc o 11 tŷ letya
hyd at 60 o bobl o gwmpas tai allan a rannwyd
a rhes fechan o dai bach. Roedd gan y tai dri
llawr ac, fel arfer, cegin ar y llawr gwaelod, lle'r
oedd llawer o fywyd beunyddiol y trigolion yn
digwydd. Mewn rhai achosion byddai hefyd
yn gweithredu fel gweithdy. Yn ddiweddarach,

trowyd yr ystafelloedd gwaelod a wynebai'r stryd yn siopau. Roedd grisiau troellog cul yn arwain at y lloriau uchaf a'r ystafelloedd gwely.

Yn sefyll ar y gyffordd rhwng Hurst Street ac Inge Street, aeth y cwrt rhwng y cŵn a'r brain, ond roedd pobl yn dal i fyw yna hyd at y 1960au. Ym 1966, condemniwyd holl dai cefn-wrth-gefn Birmingham. O bosib oherwydd ei ddefnydd masnachol, Court 15 oedd yr unig oroeswr.

Mae'r meddianwyr y gwyddom amdanynt yn nodweddu entrepreneuriaeth Birmingham, yn gweithredu eu gweithdai yn bennaf o gartref. Ym 1851, symudodd Lawrence Levy, gwneuthurwr watshis Iddewig, o Lundain i Court 15 gyda'i deulu. Yn y 1860au, roedd Herbert Oldfield, a wnaethai lygaid gwydr, yn byw yma. Y trigolyn olaf oedd George Saunders, teiliwr, a symudodd i Birmingham ym 1958 o St Kitts gan redeg ei siop o rif 57 Hurst Street.

Roedd Birmingham wrth galon y Chwyldro Diwydiannol, ond mewn cyferbyniad â dinasoedd gogledd Lloegr, yr oedd eu llwyddiant wedi'i adeiladu ar fasgynhyrchu tecstilau, roedd cynhyrchiant Birmingham yn seiliedig ar nwyddau bach, cain. Roedd yn ddiwylliant o ddyfeisio, creadigrwydd a gweithdai bach – botymau, byclau, arian ac enamel. Rhwng 1760 a 1850, cofrestrodd trigolion Birmingham dros deirgwaith cymaint o batentau â thrigolion unrhyw dref neu ddinas arall yng ngwledydd Prydain. Mae'r Gun Quarter a'r Jewellery Quarter yn ardaloedd sy'n bodoli hyd heddiw. EG

Court 15, Hurst Street ac Inge Street, Birmingham · *Tai cefn-wrth-gefn · 1820au ymlaen · Brics coch, to llechi Cymreig · Partneriaeth rhwng yr Ymddiriedolaeth Genedlaethol ac Ymddiriedolaeth Gadwraeth Birmingham, 2004*

Gwyliadwriaeth graff

Ffurfiolwyd gofal cymunedol i'r tlawd o dan y Frenhines Elisabeth I ym 1601 gyda threthiant cyffredinol. Roedd y 'tlawd analluog' (yr anabl a'r oedrannus) yn cael gofal mewn elusendai neu dlotai, gyda phlant yn dod yn brentisiaid. Anfonwyd y rhai a ystyriwyd yn gorfforol abl i weithio mewn tŷ diwydiant, neu wyrcws, ond anfonwyd y rhai a ystyriwyd yn 'dlodion segur' neu 'grwydriaid' i dŷ cywiro, neu garchar. Parhaodd y fath amodau i raddau helaeth tan ddechrau'r 19eg ganrif.

Wedi'i adeiladu'n wreiddiol fel y Thurgarton Hundred Incorporation Workhouse, neu Southwell Poor Law Union Workhouse & Greet House yn ddiweddarach, dyluniwyd yr adeilad brics coch trawiadol hwn gan William Nicholson ac roedd yn brototeip ar gyfer y cannoedd o weithdai a adeiladwyd yn dilyn Deddfau'r Tlodion ym 1834. Ysbrydolwyd ei gynllun croesffurf gan y patrwm cynllunio ar gyfer carchardai a ddatblygwyd yn y 18fed ganrif mewn llefydd fel Pentonville a Preston, gyda phedair adain yn estyn allan o ganolbwynt wythonglog.

Roedd hyd at 158 o bobl yn byw wedi eu gwahanu'n gaeth, gydag adenydd ac ierdydd ymarfer corff ar wahân i ddynion, menywod a phlant, i gyd yn weladwy o swyddfa'r Meistr yn y bae canolog wythonglog.

Y bwriad cyffredinol oedd gweithredu system gofal sefydliadol ataliol, yn seiliedig ar economi a goruchwyliaeth lem, 'tempered with tenderness towards the Infirm and Guiltless Poor, but opposing by every legal effort the overwhelming Advances of idle, profligate, and sturdy Pauperism' (Y Parchedig Thomas Becher (1828)).

Parhaodd Wyrcws Southwell i gael ei ddefnyddio tan 1930. Daeth yn gartref preswyl i'r henoed yn y 1950au ac yn llety dros dro i'r digartref tan 1976. Fe'i prynwyd gan yr Ymddiriedolaeth Genedlaethol ar ddiwedd y 1990au a'i adfer. EG

Wyrcws, Southwell, Swydd Nottingham · Wyrcws · *William Nicholson (1803-53)* · *1824* · *Brics coch, to llechi* · *Prynwyd, 1997*

Porth i Eryri

Gyda'r 19eg ganrif daeth y 'Peirianyddion Enwog', arloeswyr fel Isambard Kingdom Brunel (1806–59) a Thomas Telford (1757–1834).

Ym 1815 comisiynwyd Telford i wella llwybr y goetsh fawr o Lundain i Gaergybi. Ym 1817 cafodd ei ymestyn eto i gynnwys cymal Caer ar hyd arfordir Gogledd Cymru. Roedd cymal Lloegr, yn syml, yn dilyn y Stryd Watling Rufeinig, ond roedd tirwedd Cymru'n fwy heriol o lawer, gan ysbrydoli gwaith peirianyddol gwych fel Pont Waterloo ym Metws-y-Coed, argloddiau Dyffryn Ogwen, a phontydd crog cynta'r byd ar draws Afon Menai ac Aber Afon Conwy, ill dwy'n agor ym 1826.

Adeiladwyd morglawdd y Cob o lannau dwyreiniol Afon Conwy i'r Ynys, ynys greigiog yng nghanol yr afon, ac roedd y bont grog yn estyn o'r fan hon i'r lan orllewinol, lle'r oedd safle'r castell canoloesol yn darparu sylfeini da.

Mae Pont Grog Conwy'n 99.4 metr o hyd a 5.4 metr o led. Mae dec crog y ffordd yn cael ei gario gan wyth cadwyn haearn, yn hongian o dyrau castellaidd 13 metr o uchder a adeiladwyd o galchfaen Penmon. Roedd llawr dec y ffordd wedi'i adeiladu o estyll pinwydd yn wreiddiol, ond cawsant eu disodli ym 1896 gan flociau o bren caled trofannol. Cyflwynwyd arwyneb tarmac yn y 1920au i ymdopi â thraffig modern. Pont Telford oedd yr unig groesfan dros Aber

Afon Conwy, y 'porth i Eryri' tan y 1950au pan adeiladwyd Pont Ffordd Conwy.

Fila Gothig castellaidd pitw yw'r Tollty, teyrnged bensaernïol i Gastell Conwy sy'n ymgodi uwch ei ben. Mae yna lechen sy'n rhestru ffioedd y tollau i groesi'r bont: 'for every horse or beast of draught drawing any Coach, Chariot, Brougham, Clarence, Sociable, Berlin, Calash, Landau, Tandem, Phaeton, Gig, Curricle, Barouche, Whiskey, Buggy or Other Carriage £0 0s 6d'. EG

Pont Grog Conwy, Conwy · Pont grog · *Thomas Telford (1757–1834)* · *1826* · *Cadwyni haearn gyrru a balwstrad delltog, tyrrau calchfaen Penmon* · *Trosglwyddwyd gan Gyngor Bwrdeistref Conwy, 1965*

Uchod · Y bont grog gyda Chastell Conwy y tu hwnt iddi mewn paentiad olew o 1882 sydd wedi'i briodoli i Edwin Ellis (1842–95) (NT 1319328).

Plas Potio Fictoraidd

Mae'r Crown Liquor Saloon – neu'r Crown Bar yn fwy cyffredin – yn enghraifft arbennig o blas potio (neu wiroty) Fictoraidd. Yn dyddio'n ôl i 1826, mae'r dafarn hon, ar gornel stryd, wedi'i hailwampio sawl tro. Ym 1839 daeth y rheilffordd i Béal Feirste, neu Belfast, ac adeiladwyd y derfynfa yng ngorsaf Great Victoria Street, gyferbyn â'r bar, a enwyd ar ôl yr Ulster Railway Tavern. Y perchennog cyntaf ar gofnod yw John O'Hanlon.

Gwerthwyd y dafarn yn ddiweddarach i Michael Flanagan, a chymerodd ei fab yr awenau ym 1885, gan newid yr enw i'r Crown a'i drawsnewid yn blas potio bywiog. Mae'r ffasâd teils llachar yn dyddio o'r cyfnod hwn ac yn chwarae ar syniadaeth Neo-glasurol, gyda cheriwbiaid, cregyn, pinafalau a sêr i'w gweld yma ac acw, tra bod y coronau sydd i'w gweld yn y lliwiau amrywiol a'r goleuadau'n datgan ei hunaniaeth newydd.

Mae'r Crown wedi'i haddurno'n foethus eithriadol y tu mewn a'r tu allan, gyda gwaith coed wedi'i gerfio'n gain, mosaig a theils gan Craven Dunnill o Bridgnorth yn Swydd Amwythig. Darparwyd gwydr lliw, ysgythredig ac adlewyrchol gan y gweithgynhyrchwyr a chyflenwyr arbenigol dirifedi a oedd yn Belfast

ar y pryd, gan gynnwys y rheini a fyddai wedi'u cyflogi'n ffitio'r llongau a adeiladwyd yn nociau Belfast. Yn y dydd mae pelydrau'r haul yn disgleirio drwy'r gwydr lliw; ac yn y nos mae goleuadau nwy'n taenu gwawr goch dros yr ithfaen a'r arwynebau pren caboledig. Mae colofnau haearn bwrw'n dynwared boncyffion coed palmwydd â chapanau dail acanthws Corinthaidd. Peintiwyd adar ar baneli gwydr adlewyrchol ac mae bwystfilod pren herodrol yn prowlan hyd y parwydydd o gwmpas y deg cwtsh bach. Mae'r bythau yfed hyn, sy'n addas ar gyfer sgyrsiau tawel, llonyddwch neu gyfarfodydd cyfrinachol, yn dwyn y llythrennau A–J ac yn cynnwys system glychau i dynnu sylw'r staff pan fydd angen diod arall ar y meddianwyr.

Daeth y bardd a'r ymgyrchydd pensaernïol Syr John Betjeman â sylw i'r Crown, gan ei ddisgrifio fel 'ogof liwgar' yn ei raglen ddogfen i'r BBC ym 1976, *Betjeman's Belfast*. EG

The Crown, Belfast, Swydd Antrim · Plas potio ·
E. & J. Byrne, Penseiri, Belfast · 1826 · Brics gyda theils
maiolica a mosaig, to llechi · Caffaelwyd drwy gyllid
lleol a chydweithrediad Bass Ireland, 1978

D-Day yn Dunwich

Sefydlwyd y Gwarchodlu Dŵr Ataliol ym 1809 ar anterth Rhyfeloedd Napoleon, i rwystro smyglwyr i ddechrau. Ailenwyd y sefydliad ym 1822 fel Gwylwyr y Glannau ac yn ddiweddarach, ym 1856, fe'i trosglwyddwyd i reolaeth y Morlys, a ailddefnyddiodd Dyrau Martello amddiffynnol arfordir de Lloegr fel tai i'r gwylwyr. Lle nad oedd tyrau'n bodoli, fel yng Ngwaun Dunwich, adeiladwyd barics newydd.

Yn ymddangos ar fap degwm 1839, mae'r bythynnod yn dyddio o tua 1835, gan o bosib ddisodli adeileddau pren cynharach. Adeiladwyd saith bwthyn gan ddefnyddio techneg rhwymo brics Ffleminaidd, gyda'r muriau wedi'u coltario fel cyrff llongau er diogelwch.

Yn ystod yr Ail Ryfel Byd meddiannwyd y bythynnod gan filwyr ac estynnwyd Bwthyn y Prif Gychwr, gyda choncrit, i greu Gwylfa Magnelfa drillawr, tra'r oedd Bwthyn y Llywiwr yn gweithredu fel gorsaf radar.

Yna, ym 1943, trodd yr wylfa dawel hon yn gartref i Ymgyrch Kruschen, yn profi ffyrdd o hollti amddiffynfeydd yr Almaenwyr i baratoi ar gyfer glaniadau D-Day. EG

Gwaun Dunwich, Suffolk · Bythynnod Gwylwyr y Glannau · *tua 1835 · Brics a choncrit wedi'u coltario (bellach wedi'u peintio), toeau llechi · Pryniant Neptune, 1968*

Concwest Normanaidd

Fel yr awgryma ei enw, Castell Penrhyn, mae'r castell Neo-Normanaidd anferthol hwn yn sefyll ar benrhyn, yn estyn allan i Afon Menai. Rhoddwyd y tir i Goronwy ap Ednyfed (m. 1268) ac ar ddechrau'r 15fed ganrif, yn sgil gwrthryfel Glyndŵr, adeiladodd ei ddisgynyddion, y teulu Gruffudd, blas crand ar y tir. Gwyddom drwy'r traddodiad canu mawl fod ganddo dŵr, ei fod wedi'i wyngalchu'n llachar a bod yna gapel – y mae rhan ohono wedi goroesi. Mae esgyrn y tŷ canoloesol hwnnw wedi'u claddu yng nghrombil Castell Penrhyn hyd heddiw.

Yn sgil gorchestion Richard Pennant (1739–1808), daeth yr enw Penrhyn i gael ei gysylltu ag arloesi diwydiannol a datblygiad chwarel lechi fwya'r byd, Chwarel Penrhyn ym Methesda gerllaw. Roedd Richard yn ddisgynnydd i Gifford Pennant, a fu'n berchen ar blanhigfeydd siwgwr yn Jamaica yn yr 17eg ganrif. Priododd ag Anna Susannah Warburton o'r llinach Gruffudd ond buont farw'n ddi-blant ac, ym 1816, etifeddodd George Hay Dawkins yr ystâd a chymryd yr enw Pennant. Daeth â'i gyfoeth o siwgwr Jamaicaidd gydag ef, a chwyddwyd ym 1835 gan daliad o £14,683 drwy gynllun y llywodraeth a dalodd iawndal i gyn-berchnogion caethweision, tra'n heb gynnig unrhyw iawndal o gwbl i'r bobl gaeth eu hunain.

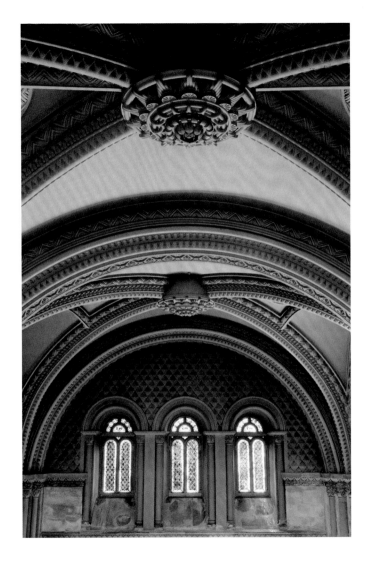

Uchod · Mae'r lithograff hwn gan George Hawkins yr Ieuengaf (1819–1852) yn dangos dau gi hela wrth droed y Grisiau Mawr yng Nghastell Penrhyn ym 1846, ychydig flynyddoedd ar ôl i'r gwaith adeiladu gael ei gwblhau (NT 1420632.7).

Tua 1820, comisiynodd Dawkins-Pennant y pensaer Thomas Hopper i ddylunio tŷ newydd, o bosib wedi'i ysbrydoli gan gestyll Edward I yng Nghaernarfon, Biwmares a Chonwy. Roedd y dewis o arddull Romanésg yn un anarferol – yr unig gynsail go iawn oedd fersiwn lai Hopper yn Gosford yn Swydd Armagh. Yn ddiaddurn ar y tu allan, mae'r gorthwr yn ein hatgoffa o Dŵr Llundain, sy'n Normanaidd, neu Gastell Hedingham yn Essex, ond y tu mewn, ar wahân i'w anferthedd a'r diffyg agosatrwydd ymddangosiadol, mae gan Gastell Penrhyn ochr fwy addfwyn. Yma fe welwn Hopper yn cofleidio sgiliau a deunyddiau lleol. Mae mentyll simneiau wedi'u cerfio o farmor Môn amryliw, a thynnodd Hopper sylw at lechi Penrhyn ar fyrddau ochr wedi'u cerfio'n gain ac o leiaf ddau wely.

Mae muriau'r castell yn cynnwys brics wrth eu craidd, wedi'u gorchuddio â chalchfaen Penmon, gyda tho eang o lechi Chwarel Penrhyn. Mae pob un o'r gofodau lluniaidd eang wedi'u haddurno â sieffrynau, pennau bwystfilod rhyfeddol, colofnau clwstwr enfawr a chapanau clustog. Mae'n siŵr i Hopper berffeithio ei feistrolaeth ar fanylion Neo-Normanaidd ym Mhenrhyn, gan eu bod yn britho'r adeilad ei hun ond hefyd y dodrefn, y goleuadau a'r carpedi. EG

Castell Penrhyn, Gwynedd · Castell Neo-Normanaidd · *Thomas Hopper (1776–1856) · 1820au–40au · Cragen frics ag ashlar calchfaen Penmon, to llechi a phlwm · Y Gronfa Dir Genedlaethol, 1951*

Pitw ond perffaith

Adeiladwyd yr hen gastell yn Crom ar ddechrau'r 17eg ganrif ar gyfer Michael Balfour, a gyrhaeddodd o'r Alban fel rhan o Wladychiad Ulster. Goroesodd y castell ddau warchae gan y Jacobiaid ym 1689 ond llosgodd i'r llawr ym 1764 a symudodd y teulu o'r safle. Yn y 19eg ganrif ychwanegwyd muriau a thyrau ychwanegol i adfeilion yr hen gastell, er effaith ramantaidd.

Ym 1831, comisiynodd John Crichton, 3ydd Iarll Erne, y pensaer Edward Blore (1787–1879), a weithiai'n ddiweddarach ar Balas Buckingham, i adeiladu castell 'Gothig-Duduraidd' newydd. Fe'i cwblhawyd ym 1838. Fodd bynnag, ym 1841 llosgodd hwn yn ulw hefyd a chyflogwyd y pensaer o Ddulyn, George Sudden, i achub Crom.

Ailadeiladodd Sudden y tŷ i ddyluniad Blore i raddau helaeth, cyn rhoi cynnig ar greu tŷ cychod, hefyd yn yr arddull Gothig-Duduraidd, i gyd-fynd â'r castell. Mae'r Tŷ Cychod wedi'i godi uwchben y lan, gyda llithrfa o'i flaen yn rhoi mynediad i'r dŵr. Mae gwaith carreg y llawr gwaelod wedi'i erwino, gyda phâr o fwtresi carreg yn sefyll y naill ochr a'r llall i fynedfa'r cwt cychod. Mae parapet â fentiau'n amgylchynu'r llwyfan archwilio y saif y tŷ prydferth ond pitw ar ei ben.

Mae ymylon bondo addurnol yn fframio'r talcen sy'n wynebu'r llyn, a defnyddir castiadau geometrig ar gyfer y ffenestr ymwthiol yma, ac ar weddau eraill. Mae clwstwr o dair simnai wedi'u mowldio a thopwaith main i'r grib yn ychwanegu diddordeb i'r to. Mae cymeriad atyniadol yr adeilad yn cydweddu'n dda â'r dirwedd o'i amgylch, ffrwyth llafur y tirluniwr o Loegr, W.S. Gilpin. EG

Tŷ Cychod Crom, Swydd Fermanagh · Tŷ cychod Gothig-Duduraidd · *George Sudden (gweithredol tua 1830–50)* · *1840au* · *Tywodfaen wedi'i erwino, to llechi* · *Rhodd, 1987*

O flaenlwythwyr i fagnelau

Mae'r Needles, sy'n edrych dros y Solent a'r Sianel, yn hawlio lleoliad strategol-fanteisiol. Adeiladwyd yr Hen Fagnelfa rhwng 1861 a 1863 fel un o 'Ffoleddau' yr Arglwydd Palmerston, cyfres o amddiffynfeydd a adeiladwyd ar hyd arfordir de Lloegr i ymateb i weithgarwch cynyddol elyniaethus y Ffrancod.

Mae'r Hen Fagnelfa wedi'i hadeiladu o frics a choncrit yn bennaf, gyda chwe llwyfan magnel hanner cylch, a osodwyd yn wreiddiol gyda gynnau bôn-lwytho rhigoledig Armstrong 7-modfedd (178mm). Ym 1873 disodlwyd y rhain gan ynnau blaenlwytho rhigoledig 9-modfedd (229mm) a thaflwyd yr hen ynnau i'r môr, i'w hachub gan yr Ymddiriedolaeth Genedlaethol ym 1982 i'w harddangos. Erbyn y 1890au, roedd y Fagnelfa Newydd wedi'i hadeiladu ymhellach i fyny'r clogwyn oherwydd ofnwyd y gallai gynnau modern mwy pwerus achosi i'r sialc meddal ddymchwel.

Ym 1899, adeiladwyd llwyfan chwilolau, ac ychwanegwyd safle rheoli magnelfa rhwng 1900 a 1902, a barhaodd ar waith tan ar ôl yr Ail Ryfel Byd. Profwyd gwn gwrth-awyrennau cyntaf gwledydd Prydain ar y maes ymarfer ym 1913.

Gyda dyfodiad y Rhyfel Oer a bygythiadau niwclear yr Undeb Sofietaidd, datblygwyd safle'r High Down ar gyfer profi rocedi. Adeiladwyd ardal brofi goncrit newydd gyda'r Fagnelfa Newydd yn cael ei defnyddio fel swyddfeydd. Cyfrannodd rocedi Black Knight a brofwyd yma tuag at lansiad llwyddiannus lloeren Prospero Prydain ym 1971. EG

Hen Fagnelfa a Magnelfa Newydd y Needles, Safle Profi High Down, Ynys Wyth · Magnelfa amddiffynfa arfordirol a safle profi rocedi · *1860au, 1890au, 1956–7 · Concrit, brics, dur · Rhoddwr anhysbys a chronfeydd Neptune, 1975, a Chronfa Goffa Comander Parker, 1976*

Ai aur *yw* popeth melyn?

William Burges oedd y mwyaf afieithus o ddychmygus o benseiri'r Dadeni Gothig, ac yntau wedi'i argyhoeddi mai 'Beth bynnag sy'n edrych orau *yw'r* gorau'. Llys Knightshayes oedd ei unig blasty newydd sbon. Fe'i comisiynwyd gan Syr John Heathcoat Amory (1829–1914) ym 1869 ar gyfer ei ystâd newydd yn edrych dros Tiverton a ffatri les y teulu.

Defnyddiodd Burges gerrig Hensley coch lleol gyda cherrig nadd Ham Hill euraidd a theils clai coch. Mae ei waith cymesur medrus yn cynnwys tŵr grisiau enfawr – sy'n is ac yn llai goruchafol na'i fwriad gwreiddiol – toeau serth, talcennau a simneiau, sy'n creu nenlinell amrywiol. Mae'r gweddau'n cyfleu'r cynllun mewnol – un o egwyddorion allweddol y Dadeni Gothig: mae'r Neuadd Fawr yn cynnwys ffenestri bwaog rhwyllog Gothig, ffenestr fae dal a tho ar wahân.

Mae'r manylion 'cyhyrog' Fictoraidd bonheddig, a ysbrydolwyd gan yr adeiladau Ffrengig o'r 13eg ganrif yr oedd Burges yn eu caru, yn cynnwys rhwyllwaith trydyllog sy'n edrych fel petai wedi'i bwnio drwy garreg solid. Mae'r cyffyrddiadau chwareus yn nodweddiadol o Burges: mae yna ffris o beli carreg yn yr Ystafell Filiards. Mae cerflunwaith campus Burges, wedi'i saernïo gan ei hoff gerflunydd, Thomas Nicholls (tua 1825–96), i'w weld ym mhob twll a chornel.

Mae gargoeliau a bwystfilod bendigedig yn dod â bywyd i'r ffasadau. Mae to pren agored y Neuadd yn cynnwys corbelau carreg 'yn cynrychioli amodau Byw', o werinwyr i frenin a brenhines. Yn yr Ystafell Filiards, mae corbelau anifeiliaid yn symboleiddio'r Saith Pechod Marwol.

Ni wireddwyd gweledigaeth Burges ar gyfer yr ystafelloedd yn llawn. Ym 1873 gwrthododd Heathcoat Amory ei ddyluniadau dyfeisgar (sydd yn Knightshayes o hyd) ar gyfer ystafelloedd lliwgar, dan eu sang â cherflunwaith, gwydr lliw a murluniau. Yn hytrach, cynhwysodd yr addurnwr uchel-ei-barch, J.D. Crace (1838–1919), rai o fanylion Burges mewn ystafelloedd Gothig mwy confensiynol, llai afradlon, a gwblhawyd ym 1883. Ychydig flynyddoedd yn ddiweddarach, gorchuddiwyd nenfwd coeth yr Ystafell Groeso. Gwaredwyd sgrîn Neuadd Burges wedi hynny hefyd. Ar ôl 1945, gwaredodd a gorchuddiodd Syr John a'r Fonesig Heathcoat Amory lawer o nodweddion Gothig. Ers 1973, mae'r Ymddiriedolaeth Genedlaethol wedi adfer godidowgrwydd y prif ystafelloedd, gan ychwanegu lle tân enfawr Burges a adleolwyd o Goleg Caerwrangon, Rhydychen. SP

Llys Knightshayes, Dyfnaint · Plasty'r Dadeni Gothig · *William Burges (1827–81) · 1869–83 · Cerrig Hensley coch, cerrig nadd Ham Hill euraidd, toeau teils clai coch · Cymynrodd, 1972*

Ceidwaid y goleudy

Am o leiaf 2,000 o flynyddoedd, roedd diogelwch morwyr a hwyliai arfordiroedd peryglus yn ddibynnol ar danllwythau o dân mewn tyrau cerrig. Adeiladwyd Goleudy Alexandria, y mae darnau ohono i'w gweld hyd heddiw o dan donnau Môr y Canoldir, yn ystod teyrnasiad Ptolemy Philadelphus II (309–246CC) ac mae wedi'i ddarlunio mewn mosaigau ac ar ddarnau arian fel adeiledd grisiog enfawr â sylfaen sgwâr, yn dal fflam fyny fry. Mae pensaernïaeth goleudai hanesyddol wedi'i chofnodi a'i dogfennu'n eang mewn llenyddiaeth, ond prin y cydnabyddir eu fflamau gwaredigol hynafol.

Sefydlwyd Tŷ'r Drindod, y sefydliad sy'n goruchwylio goleudai, ym 1514, yn wreiddiol i reoli a gwella safonau llywio ar Afon Tafwys. Ym 1609, adeiladodd Tŷ'r Drindod ei oleudy cyntaf, pâr o dyrau pren a oleuwyd gan ganhwyllau, yn Lowestoft, ar y llwybr glo drwg-enwog rhwng Newcastle a Llundain.

Dau gant chwe deg o flynyddoedd yn ddiweddarach, ym 1871, adeiladwyd y goleudy cyntaf yn y DU a ddyluniwyd i ddefnyddio cerrynt trydan tonnog, goleudy mwyaf datblygedig yr oes, yn Souter rhwng aberoedd afonydd Tyne a Wear. Mae Souter yn cadw llygad ar y llongau, wedi'u llwytho â chargo gwerthfawr, sy'n hwylio o Aber Afon Tyne. Cynlluniwyd y safle

gan Beiriannydd Preswyl Tŷ'r Drindod, James
N. Douglass, ac mae'n cynnwys peiriandy â chorn
niwl pwerus. Mae'r goleudy godidog, tŵr pigfain
22-metr sydd wedi'i beintio'n streipiau coch a
gwyn, yn wynebu tua'r dwyrain i gadw llongau
draw o'r creigiau o dan Glogwyni Marsden a
riffiau Whitburn Steel. Mae cwadrangl wedi'i
rendro'n wyn llachar, gyda tho llechi Cymreig,
yn eistedd wrth ei draed, yn llochesu injans,
boeleri, gweithdai a lletu.

Y tu mewn, mae cyfres o risiau troellog
ac ysgolion, sy'n ddigon i wneud rhywun yn
benysgafn, yn rhoi mynediad i ystafell y llusern
ar frig yr adeilad.

Mae lens ddeuffocol wreiddiol Souter yna hyd
heddiw. Pan gafodd ei oleuo gyntaf, disgrifiwyd
Souter fel a ganlyn: 'heb amheuaeth, un o'r
goleuadau mwyaf pwerus yn y byd'. EG

Goleudy Souter, Tyne a Wear · Goleudy trydan · *1871* ·
Gwaith maen wedi'i rendro, toeau llechi · Prynwyd drwy rodd
gan y Baring Foundation, cymynrodd gan Mrs G.I. Windmill
a chyllid Menter Neptune, 1990

Château Rothschild

Gyda cherrig euraidd wedi'u gweithio'n gain yn goleuo yn yr heulwen, hawdd yw dychmygu eich bod yn Nyffryn Loire yn edmygu *châteaux* lleol. Fodd bynnag, mae stori'r adeilad eithriadol hwn yn dechrau gyda theulu yn y geto Iddewig yn Frankfurt.

Dyma lle sefydlodd Mayer Amschel Rothschild (1744–1812) fusnes yn delio mewn gwrthrychau hynafol a ddatblygai maes o law i fod yn un o'r busnesau ariannol mwyaf llwyddiannus yn y byd. Gyda'i bum mab wrth ei ochr, sefydlwyd banciau Rothschild mewn pum dinas Ewropeaidd, a chyda hynny, ganed sefydliad. Tyfodd cyfoeth y teulu i'r fath raddau fel y gallai'r banc ariannu ymgyrch Waterloo Dug Wellington ym 1815.

Prynwyd ystâd Waddesdon ym 1874 gan y Barwn Ferdinand de Rothschild (1839–98), o gangen Fienna'r teulu, oddi wrth Ddug Marlborough. Roedd yn ystâd amaethyddol ddinod, ond rhwng 1874 a 1889 fe'i trawsnewidiwyd gan dŷ rhyfeddol a gardd, a adeiladwyd fel lloches ar gyfer y gaeaf, lle i ddiddanu gwesteion a chartref i gasgliadau celf cynyddol Rothschild.

Roedd Rothschild am i'r tu allan i'w dŷ adlewyrchu arddull *châteux* Dyffryn Loire, felly cyflogodd y Ffrancwr o bensaer, Gabriel-Hippolyte Destailleur, i gyflawni'r orchest. Benthycodd Destailleur fanylion di-rif:

y tyredau grisiau troellog o Chambord a
Blois; y dormerau pinaclog o Azay-le-Rideau a
Chenonceau; tyredau crwn a sgwâr, toeau serth
a bondoi uwchdroëdig o Maintenon. Roedd
Plas Waddesdon – *château* Ffrengig y Dadeni
yn Swydd Buckingham – wedi'i orffen.

Parhawyd â'r arddull ffug-hanesyddol y tu
mewn ond, mewn gwrthgyferbyniad, wedi'i
ysbrydoli gan y 18fed ganrif. Yma, mae'r elfennau
addurniadol yn cynnwys paneli o dai tref Paris.
Mae'r ystafelloedd yn afradlon o foethus, gyda
gwaith pren a chornisiau euraidd a gwaith
plastr wedi'i fowldio'n gelfydd, lleoliad addas
ar gyfer casgliadau rhyfeddol Rothschild o gelf
addurniadol a chain.

Er yr ymagwedd hynafiaethol at y dylunio
gweledol, defnyddiodd Destailleur y technolegau
pensaernïol diweddaraf y tu ôl i'r llenni. Mae gan
yr adeilad ffrâm ddur, sy'n galluogi gwahanol
gynlluniau llawr ar y llawr ground a'r llawr cyntaf.
Roedd gan y tŷ wres canolog a bwerwyd gan
nwy a goleuadau, dŵr tap poeth ac oer, ac
fe'i trydanwyd yn y 1890au. EG

Plas Waddesdon, Swydd Buckingham · Château Ffrengig
· *Gabriel-Hippolyte Destailleur (1822–93)* · *1874–89* · *Carreg
Caerfaddon a brics, to llechi a phlwm* · *Cymynrodd, 1957*

Cadeirlan fechan

Mae 'cadeirlan fechan' yn ddisgrifiad priodol iawn ar gyfer Capel Clumber. Dyluniwyd yr enghraifft eithriadol hon o'r Dadeni Gothig gan G.F. Bodley ar gyfer 7fed Dug Newcastle (1864–1928) rhwng 1886 a 1889.

Mae'r arddull yn 'Addurnedig', yr arddull ganoloesol atgyfodedig o'r 14eg ganrif, ac wedi'i gweithredu'n gain yn y meindwr 55-metr, y fowtiau, y colofnau a'r arcedau, a rhwyllwaith gwych y ffenestr ddwyreiniol. Cynlluniwyd y gwydr lliw gan C.E. Kempe (1837–1907), disgybl a chydweithredwr mynych â Bodley. Mae'r cynllun yn groesffurf, yn y corff a'r gangell o bedwar bae, gyda chapel y Forwyn, cysegrfa a festri ar yr ochr ddwyreiniol. Roedd y 7fed Dug yn un o ddilynwyr y mudiad Eingl-Gatholig, ac roedd adeiladu'r capel hwn yn weithred o deyrngarwch.

Y capel, y bloc stablau, Stydi'r Dug a'r Coridor Bwa yw'r unig adeiladau sy'n weddill i'n hatgoffa o oes pan roedd hwn yn gartref urddasol i Ddugiaid Newcastle. Cafodd y palas Eidalaidd moethus o'r 18fed ganrif ei ddifrodi'n ddifrifol gan dân ym 1879, ac fe'i dymchwelwyd wedi hir ymaros ym 1938. EG

Clumber, Swydd Nottingham · Capel y Dadeni Gothig · *G.F. Bodley (1827–1907) · 1886–9 · Ashlar tywodfaen Steetley a Runcorn aml-liwiog, toeau plwm · Pryniant, 1946*

Celf a Chrefft Werinol

Roedd Ernest Gimson yn bensaer yr oedd ei athroniaeth ddylunio wedi'i gwreiddio yn egwyddorion y mudiad Celf a Chrefft. Ym 1898 gofynnodd ei frawd, Sydney, i Ernest ddylunio cartref gwyliau yn ardal Coedwig Charnwood y tu allan i Gaerlŷr, ac mae'r dyddiad 'G 1899' wedi'i gofnodi yn y capan llechen uwchben y drws ffrynt.

Mae Stoneywell fel petai'n tyfu'n naturiol o ochr y bryn caregog, wedi'i amgylchynu gan fôr o lwyni llus, sydd nawr yn un o brif nodweddion yr ardd, er mai dim ond gan ŵyr Sydney y cawsant eu plannu. Mae i'r tŷ ffurf droellog, feddal, sy'n dilyn siâp y safle, gyda'r ffenestri fel petaent wedi'u gosod wrth fympwy. Fodd bynnag, mae hwn yn ddyluniad gofalus, er ei fod wedi'i addasu o'i ymddangosiad gwreiddiol gydag ychwanegiad to llechi Swithland yn dilyn tân to gwellt ofnadwy ym 1939. Gwnaed y gwaith yn sensitif, fodd bynnag, gyda bargod llechi'r wal dalcen hyd yn oed yn cael ei gadw fel y mae'n ymddangos yn y dyfrlliw sy'n hongian ar wal y gegin. Disodlwyd yr ael-ffenestri bach sy'n nodweddiadol o do gwellt gan y ffenestri dormer mwy a welwn heddiw, sy'n caniatáu i fwy o olau gyrraedd yr ystafelloedd.

Mae Stoneywell yn symud gyda'r dirwedd y tu mewn hefyd, gyda bron pob ystafell ar

lefel wahanol, pob un yn ymagor y tu hwnt i ris hynod neu goridor crwm. Ysgrifenna'r hanesydd pensaernïol, Nicholas Cooper,

There is the most extraordinary visual, structural and functional logic to Stoneywell. Of course, there is the other structural and functional logic that says: Build a house of brick on level ground – but that is the difference between building and architecture.

Dyluniwyd a chynhyrchwyd llawer o'r dodrefn gan Gimson, a hynny'n llwyr yn ysbryd y mudiad Celf, y credai ei ddilynwyr yng ngonestrwydd a harddwch gwaith llaw ac israddoldeb masgynhyrchu.

Mae Celf a Chrefft Stoneywell yn benthyca'n glyfar gan bensaernïaeth werinol, gan ddefnyddio deunyddiau lleol i sefydlu perthynas hynafol a naturiol â'r dirwedd amgylchynol. Y tu allan, mae'r corn simnai grisiog enfawr yn awgrymu gwreiddiau canoloesol. Y tu mewn, fodd bynnag, mae'r arysgrifiad 'SAG JLG 1899' dros y lle tân a'r cwtsh darllen yn datgelu'r gwirionedd. EG

Stoneywell, Swydd Gaerlŷr · Tŷ Celf a Chrefft · *Ernest Gimson (1864–1919)* · *1899* · *Carreg, to llechi, gwellt yn wreiddiol* · *Prynwyd, 2012*

Cofeb i'r cwrw

Mae'r adeiladau sychu hopys anferthol hyn o'r 19eg ganrif yn fynegiant o ddiwydiannu menter wledig, a phwysigrwydd economaidd yr hopysen. Yn sgil y galw am flodau hopys, sy'n rhoi ei flas ac arogl unigryw i gwrw, mae'r planhigyn dringol brodorol hwn wedi cael ei amaethu ym mhob cwr o Ewrop dros y mileniwm diwethaf, a chyflwynodd y math hwn o adeilad i gefn gwlad Lloegr.

Ar ôl prynu'r safle ym 1930, creodd Vita Sackville-West (1892–1962) a Harold Nicolson (1886–1968), a oedd yn arddwyr amatur ar y pryd, un o erddi mwyaf cyffrous y byd yma yn Sissinghurst, gan ymgorffori gwerth 500 mlynedd o hanes meddianwyr yr oes a fu: tŷ Tuduraidd, plasty Elisabethaidd, ac adeiladau fferm mwy swyddogaethol. Nid tystion tawel mo'r rhain, ac mae ymwelwyr yn dod o hyd i dystiolaeth o hanesion hynod: Sissinghurst fel gwersyll carcharorion rhyfel, wyrcws, cartref i weithwyr fferm ac, yn wir, fferm. Y tu hwnt i'r cloddiau uchel, tociedig a'r 'gardd-ystafelloedd' rhamantaidd, daw ymwelwyr ar draws cofeb annisgwyl arall, i un o bleserau pennaf Prydain – cwrw.

Oherwydd mewn oes arall, roedd Sissinghurst yn tyfu hopys ar gyfer bragu. I atal y blodau hopys ffres rhag twymo'n naturiol, a fyddai'n effeithio ar yr olewau hanfodol ac felly eu blas a'u gwerth, roedd angen i hopys gael eu sychu'n gyflym ag aer cynnes ac awyru chwim. Cawsant eu cludo i adeiladau fel y rhain (a alwyd yn 'oasts' yng Nghaint a Sussex, 'hop kilns' yn Swydd Henffordd a Swydd Gaerwrangon ac 'odyndai' yn y Gymraeg) i gyflawni hyn. O dan chwe tho pyramidaidd, gyda chyflau pren ar eu pen a droir gan y gwynt i annog llif aer, roedd hopys gwyrdd yn cael eu rhacanu'n denau mewn sypiau dros y lloriau uwch tyllog i ganiatáu i aer poeth godi o danau islaw (mae'r ddwy odyn sychu o gynllun cylchol, neu 'roundels' yn lleol, wedi'u dyddio ychydig yn gynharach ond yn gweithredu yn yr un ffordd). Roedd yr hopys wedi'u cynhesu wedyn yn cael eu taenu i oeri yn yr adeilad petryalog rhyng-gysylltiedig, y 'lle stowio', cyn cael eu cywasgu i mewn i fagiau jiwt neu 'bocedi' i'w cludo i fragdy. JG

Odyndai, Sissinghurst, Caint · Odynnau sychu hopys · *Diwedd y 19eg ganrif · Brics coch, toeau teils clai · Trosglwyddwyd drwy'r Gronfa Dir Genedlaethol, 1967*

Hynafol a modern

Yng Nghastell Drogo, sy'n sefyll yn ddramatig uwchben Ceunant Teign, creodd y pensaer Edwin Lutyens gampwaith. Dywedodd yr hanesydd pensaernïol Christopher Hussey, 'The ultimate justification of Drogo is that it does not pretend to be a castle. It is a castle, as a castle is built, of granite, on a mountain, in the twentieth century'.

Y cleient oedd Julius Drewe (1856–1931), sylfaenydd Home & Colonial Stores, a ddyheai am gysylltu â'i wreiddiau Dyfneintaidd hynafol honedig drwy sefydlu 'plas teuluol' ar ffurf castell canoloesol. Fodd bynnag, deuai'r castell hwn gyda'r holl gysuron modern, llinellau llyfn ac arddull bensaernïol y gellir ei ei hadnabod yn rhwydd fel un Edwin Lutyens, pensaer blaenllaw'r cyfnod.

Gyda'r gwaith yn dechrau ym 1911, roedd y cynlluniau cychwynnol ar gyfer castell mawr wedi'i drefnu o gwmpas ochrau gogleddol, dwyreiniol a gorllewinol cwrt llydan, nid yn annhebyg i Goddards, tŷ Lutyens yn Surrey o 1898–1900. Fodd bynnag, ychwanegodd newidiadau i'r dyluniad, er enghraifft cais Drewe i wneud y waliau'n fwy trwchus, at y gost, a chefnwyd ar yr adain orllewinol yn gynnar. Arafodd y cynnydd yn sgil prinder gweithwyr yn dilyn dechrau'r Rhyfel Byd Cyntaf, a fyddai'n

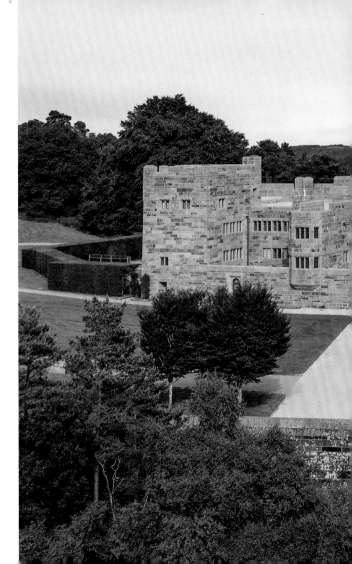

hawlio bywyd Adrian, mab Drewe, ar 12 Gorffennaf 1917. Wedi hyn, collodd Drewe lawer o'i angerdd am y prosiect.

O ganlyniad, dim ond tua thraean o'r cynllun gwreiddiol a adeiladwyd. Cefnwyd ar Neuadd Fawr yr adain ogleddol, a daeth ei sylfeini'n gapel claddgell. Cwblhawyd Drogo o'r diwedd ym 1930. Yn ystod y ddau ddegawd a aeth heibio, creodd Lutyens lawer o adeiladau Ymerodrol yn yr India, ailwampiodd Gastell Lindisfarne (cwblhawyd 1914) ac, yn ingol, dyluniodd lawer o gofebion rhyfel, gan gynnwys bwa enfawr, prudd Thiepval (1928–32), sydd i gyd yn adlewyrchu elfennau o Gastell Drogo.

Er ei daith ffwdanllyd at gael ei gwblhau, mae Castell Drogo yn ddarn rhyfeddol o bensaernïaeth. Mae ôl meddwl i'r manylion ym mhob rhan o'r tŷ, gyda llewod Drewe i'w gweld ar gliciedau'r drysau, ar gynwysyddion dŵr glaw ac, yn fwy ffurfiol, ar lechen gerfiedig cerfwedd isel uwchben y drws ffrynt. Diben yr adeilad oedd ychwanegu hanes a dilysrwydd at enw ac ystâd y teulu Drewe, gan wneud hynny mewn ffordd ffasiynol, fodern. EG

Castell Drogo, Dyfnaint · Castell y Diwygiad Canoloesol · *Edwin Lutyens (1869–1944)* · *1911–30* · *Waliau a tho ithfaen* · *Rhodd Drewe, 1974*

Nerth y gwynt

Pwmp gwynt Horsey yw'r mwyaf newydd o'r melinau draenio sydd wedi bod mor hanfodol i warchod tirwedd unigryw Llynnoedd Norfolk ers y 18fed ganrif. Ochr yn ochr â'u prif swyddogaeth fel pympiau draenio, defnyddiwyd llawer o'r melinau gwynt hefyd fel rhan o system rybuddio gyfrinachol a ddyluniwyd i anfon rhybuddion i'r cychod rhwyfo a symudai nwyddau wedi'u smyglo o'r arfordir i Norwich. Os byddai'r hwyliau'n dangos siâp 'x' byddai'r cychwr yn cuddio'r contraband gan fod gŵyr y tollau o gwmpas.

Mae llawer o felinau wedi sefyll ar y safle hwn ers tua canol y 18fed ganrif. Mae'r pwmp gwynt brics coch pedwar llawr presennol, a ailadeiladwyd ym 1912 gan y saer melinau Edwin William Daniel England (Dan England) o Ludham, yn cynnwys llawer o elfennau'r felin flaenorol o 1826. Roedd melin Horsey'n hanfodol i'r ymdrech ddraenio pan dorrodd Môr y Gogledd drwy'r twyni dro ar ôl tro ym 1938.

Ym 1943 tarwyd y felin gan fellten. Disodlwyd y pwmp gwynt gan ei bwmp disel wrth gefn ac, wedi hynny, gan yr un trydan a ddefnyddir heddiw. Prynwyd y felin gan yr Ymddiriedolaeth Genedlaethol ym 1948 ac fe'i hadferwyd maes o law rhwng 1961 a 1964 ar ôl ymgyrch codi arian a drefnwyd gan y Gymdeithas Gwarchod Adeiladau Hynafol. Difrodwyd y felin yn Storm Fawr 1987 ac mae wedi bod yn destun prosiectau trwsio ac adfer niferus, yn fwyaf diweddar yn 2016–19.

Heddiw, mae Pwmp Gwynt Horsey yn gofeb i'r bywydau a'r bywoliaethau a gynhaliwyd gan y dirwedd unigryw hon 'slawer dydd, yn un o oroeswyr panorama corsiog hanesyddol y Llynnoedd, yn frith o eglwysi canoloesol a melinau. SH

Pwmp Gwynt Horsey, Norfolk · Melin ddraenio wedi'i phweru gan wynt · *Dan England (tua 1850–1933)* · *1912* · *Brics, estyll tywydd pren* · *Prynwyd, 1948*

Cefnder Gwyddelig Portmeirion

Ym 1912, trawsnewidiwyd Cushendun, pentref gwasgaredig o dai'n wynebu harbwr bychan ar Arfordir Antrim, gan y Cymro o bensaer, Clough Williams-Ellis, mewn enghraifft hwyr, lewyrchus o'r arddull Celf a Chrefft.

Comisiynwyd Williams-Ellis gan Ronald McNeill (1861–1934), Arglwydd Cushendun, i adeiladu cyfres o dai tenant, gan ddechrau gyda'r Square. Ar ddechrau'r 1920au, ar ôl i Fyddin Weriniaethol Iwerddon (yr IRA) losgi Glenmona Lodge, fila glân môr McNeill yn Cushendun, gofynnwyd i Williams-Ellis ailddylunio'r tŷ. Ac ym 1925, cwblhaodd Maud Cottages ar gyfer McNeill, er cof am Maud Bolitho (1859–1925), Arglwyddes Cushendun.

Yn fwyaf adnabyddus am Bortmeirion – ei bentref 'Eidalaidd' yng Ngogledd Cymru – roedd Williams-Ellis yn hael a chreadigol yn ei ddefnydd o eirfa bensaernïol. Yn Cushendun, dewisodd ffurf agos-atoch o Gelf a Chrefft. Mae parau o gasmentau â phaenau bach, rhai â chaeadau, a drysau stablau rhanedig, yn ychwanegu at yr ymdeimlad 'bythynnaidd'. Nid yw'r defnydd o lechi crog yn draddodiad lleol, ond roedd yn gyffredin yng nghynefin Williams-Ellis yng Ngogledd Cymru; mae rhai o'i ddarluniau pensaernïol cynnar yn rhagddychmygu llawer o'r manylion yn Cushendun. Mae lluniau cynnar o Cushendun yn dangos caeadau a drysau wedi'u peintio mewn gwahanol arlliwiau o wyrdd a glas, palet lliw tebyg i'r un a ddefnyddiwyd ym Mhortmeirion ac Ystâd Brondanw Williams-Ellis.

Mae'r drysau bwaog a chrymedd ysgafn bae ymwthiol Maud Cottages a'r darian grog apig ar dalcen echelinol y Square yn eu huno ac yn arwydd pendant o ddylanwad Clough ar yr adeiladau hyn. EG

Y Square a Maud Cottages, Cushendun, Swydd Antrim
· Terasau Celf a Chrefft · *Clough Williams-Ellis (1883–1978)*
· *1912 a 1925 · Gwaith carreg wedi'i rendro, llechi crog a thoeau llechi · Prynwyd drwy Gronfa Dir Ulster, 1953*

Seren swbwrbaidd

Rhwng y rhyfel byd cyntaf a'r ail, newidiodd ffurf trefi a dinasoedd yn ddramatig. Roedd breuddwydion ac uchelgeisiau'r genedl wedi'u trawsnewid gan brofiadau'r Rhyfel Mawr, a daeth y Dirwasgiad Mawr â newid pendant tuag at fuddsoddi yn y sicrwydd a ddaw gyda brics a morter. Daeth morgeisi ar gael i'r rheini ar incymau cymharol isel hyd yn oed, a olygai fod perchentyaeth o fewn cyrraedd y rhan fwyaf o'r boblogaeth.

Rhwng 1919 a 1930 adeiladwyd tua phedair miliwn o gartrefi newydd yn Lloegr i fodloni'r angen am dai cyngor, a chan ddatblygwyr a fyddai'n eu gwerthu i bobl a oedd yn prynu am y tro cyntaf. Ganed y faestref. Daeth yr ysbrydoliaeth o'r mudiad gardd-ddinasoedd – tai wedi'u hadeiladu ar gyrion dinas, cymysgedd o gefn gwlad a bywyd trefol. Adeiladwyd rhesi byr neu barau o dai, gyda gerddi blaen a ffenestri bae, o amgylch closydd ac ar hyd rhodfeydd. Roedd lle, goleuni ac awyr iach ar gael i'w mwynhau.

Ym 1919 roedd Lerpwl yn gartref i rai o'r tai slym gwaethaf yn y wlad. Rhwng y rhyfeloedd, rhwng 1918 a 1939, daeth Lerpwl y ddinas gyntaf i fuddsoddi mewn tai cyngor, gan adeiladu 33,000 o gartrefi newydd ar gyfer 140,000 o drigolion lleol.

Uchod · John Lennon ifanc yn sefyll y tu allan i Mendips, 251 Menlove Avenue, yn y 1950au cynnar.

Adeiladwyd Mendips, 251 Menlove Avenue, ym maestref Woolton, Lerpwl, ym 1933 gan J.W. Jones & Sons Ltd, cwmni o gontractwyr adeiladu a oedd yn gyfrifol am lawer o'r tai yn yr ardal leol, i gyd mewn arddull debyg gyda waliau wedi'u rendro, toeau talcennog a ffenestri bae mawr. Mae nodweddion addurnol fel y manylion gwydr lliw yn y ffenestri a'r drws ffrynt, y teils o gwmpas y lle tân, a'r ystafell ymolchi du a gwyn dan do i gyd wedi goroesi.

O 1946 i 1963 roedd Mendips yn gartref i John Lennon (1940–80), lle bu'n byw gyda'i fodryb a'i ewythr, Mimi a George Smith. EG

Mendips, Lerpwl · Tŷ pâr maestrefol · *J.W. Jones & Sons Ltd · 1933 · Brics wedi'u rendro, to teils clai · Rhodd gan Yoko Ono, 2002*

Cuddfan fodern

Wedi'i dylunio fel carafán heb olwynion, roedd y Shack yn lloches heddychlon i'w dylunwyr, y penseiri John Seely (1899–1963), 2il Farwn Mottistone, a Paul Paget (1901–85). Ar ôl cwrdd fel myfyrwyr ym Mhrifysgol Caergrawnt, buont yn byw a gweithio gyda'i gilydd hyd at farwolaeth John ym 1963, gan gyfeirio at ei gilydd fel 'y partner'. Adeiladwyd y Shack ar Ynys Wyth ac fe'i cadwyd ar ystâd teulu Seely, yn edrych dros y môr ger Freshwater, cyn iddi gael ei symud i diroedd Maenor Mottistone pan y'i hetifeddodd gan ei dad.

O'r tu allan, mae'r Shack yn edrych yn go syml – yn eistedd ar gerrig stôl gydag estyll pren fel waliau a tho o estyll cedrwydd. Ond 'mae'r hwyl yn dechrau' y tu mewn, yn ôl Paget. Roedd yn baradwys i declynwyr y 1930au, gyda dyfeisiau cyfoes wedi'u hymgorffori i'r adeiladwaith, gan gynnwys cloc hunan-weindio uwchben y tân nwy, a chawod hyd yn oed. Mae'r ffitiadau o ansawdd uchel (chwith, isod); mae ysgolion crôm yn cynnig mynediad i'r bynciau sengl ar naill ben yr ystafell gyda'u lampau darllen trydan, ac roedd gan y ddau bartner eu desgiau eu hunain i weithio wrthynt hefyd.

I'r ddau bensaer, roedd yn rhywle lle gallent ddianc rhag prysurdeb y byd modern a'r swyddfa, tra'n dal i fwynhau'r holl gyfleustodau modern yr oeddent wedi arfer â nhw. Roedd hefyd yn caniatáu iddynt barhau i fyw eu bywydau proffesiynol a phersonol gyda'i gilydd, tra roeddent yn mwynhau saib o'r ddinas. GR

Y Shack, Maenor Mottistone, Ynys Wyth · Swyddfa penseiri · *Seely a Paget · tua 1934 · Ffrâm goed wedi'i chodi ar gerrig stôl, waliau a tho wedi'u gorchuddio gan estyll cedrwydd Canadaidd · Rhodd gan Paul Paget, 1985*

Tŷ wedi'i deilwra

Mae'r hanesydd pensaernïol Neil Bingham wedi cymharu'r Homewood â siwt wedi'i theilwra'n gelfydd yn Savile Row. Mae rhywbeth mor chwaethus am ei ffurf, graenus am ei leoliad ac ysblennydd am ei ystafelloedd.

Symudodd rhieni Patrick Gwynne i Esher, Surrey, flwyddyn ar ôl iddo gael ei eni, gan rentu cyn prynu tŷ Fictoraidd ynghanol tiroedd a ddefnyddid yn ddiweddarach ar gyfer yr Homewood. Roedd Moderniaeth wedi cyffroi Gwynne tra'r oedd yn yr ysgol, a gweithiodd yn ddiweddarach gyda Wells Coates (1895–1958), un o sylfaenwyr y Grŵp Ymchwil Pensaernïol Modern a phensaer Fflatiau Isokon (1933–4) yn Hampstead. Dechreuodd Gwynne ddylunio'r cartref i'w rieni ym 1937, ac yntau ond yn 24 oed, a byddai'n byw yno ei hun hyd ei farwolaeth yn 2003. Wedi'i ysbrydoli'n glir gan Villa Savoie Le Corbusier, mae'r llawr cyntaf wedi'i ddyrchafu ar biloti, gan greu mynedfa â chanopi a phorth ceir oddi tani. Mae'r cynllun yn gwneud defnydd drwyddi draw o ddeunyddiau a gysylltir yn aml â'r mudiad Modernaidd – pileri concrit, gwydr plât fertigol a brics gwydr, i gyd o dan doeau concrit gwastad. Mae'r ystafelloedd gwely ar y llawr uchaf, i'r chwith, adain wasanaeth i'r dde ac, yn y canol, yn arwain o'r cyntedd, y grisiau

troellog soffistigedig gyda'u gorffeniad teraso,
sy'n crymu o gwmpas golau llawr cylchol.

Cafodd yr ystafelloedd eu teilwra i
anghenion mam, tad a chwaer y pensaer ac,
yn ddiweddarach, i'w anghenion ei hun. Mae'r
deunyddiau wedi'u hystyried mor ofalus â rhai'r
gwaith adeiladu (os ychydig yn fwy moethus)
– drysau wedi'u padio â lledr gwyn, unedau
wal ymgorfforedig wedi'u caenu â phren collen
Ffrengig (a ddisodlwyd yn ddiweddarach gan
lawryf yr India), drysau tabwrdd, waliau o farmor
Levanto du, a'r sgrîn beintiedig a ddefnyddiwyd
i wahanu'r ystafell fyw oddi wrth yr ystafell fwyta
yn ôl yr angen, i gyd wedi'u goleuo'n ofalus.
Dyma'r gefnlen berffaith i'r casgliad dodrefn
(y dyluniwyd rhywfaint ohono gan Gwynne ei
hun) a'r lleoliad delfrydol ar gyfer diddanu. LP

Yr Homewood, Surrey · Tŷ Modernaidd · *Patrick Gwynne
(1913–2003) · 1938-9 · Concrit, gwydr a brics · Rhodd, 1999*

Rhyfelwr y Rhyfel Oer

Yn ystod degawdau'r Rhyfel Oer yng nghanol yr 20fed ganrif, dechreuodd llwyth o strwythurau gael eu defnyddio ar gyfer gweithgareddau cudd. Wrth i'r bygythiad o ryfel niwclear gynyddu, felly hefyd gwnaeth yr angen i ddatblygu a phrofi arfau atomig. Y safle a ddewiswyd oedd y tafod neu draethell raeanog werdd fwyaf yn Ewrop, oddi ar arfordir Suffolk. Mae rhannau ohoni'n cael eu boddi gan y môr yn rheolaidd, ac mae'r dirwedd gyfan yn symud yn dragwyddol.

Mae'r labordai profi atomig yn Orford Ness yn meddiannu eu tirwedd newidiol â naws dawel o ddirywiad urddasol. Mae toeau concrit enfawr a waliau bynceraidd, wedi'u cynnal gan fanciau graeanog, trawstiau dur sy'n rhydu a phaent yn plicio yn atgofion iasol o fregusrwydd heddwch rhyngwladol.

Yng nghanol y 1930au, manteisiodd tîm o dan arweiniad Robert Watson-Watt ar leoliad anghysbell Orford Ness i greu'r 'Orsaf Ymchwil Ionosfferig' – masg ar gyfer y gwaith o ddatblygu system amddiffyn o'r awyr, neu radar. Yn ddiweddarach, rhwng 1954 a 1956, adeiladodd y Sefydliad Ymchwil Arfau Atomig dri labordy ac Ystafell Reoli ar gyfer Labordy 1. Mae gan Labordy 1 siambr 30 metr o hyd wrth ei galon, gyda tho ffrâm ddur ysgafn ar waliau concrit enfawr wedi'u claddu mewn cerigos, gyda'r

bwriad o orfodi ffrwydrad damweiniol i fyny yn hytrach nag i'r ochr. Mae'r fynedfa lydan yn ymdebygu i fedd Agamemnon neu ffau dihiryn o'r ffilmiau Bond. Dyma lle y datblygwyd a phrofwyd gallu niwclear cychwynnol Prydain, Blue Danube.

Gyda cham 2 y profion, o 1960, daeth yr Adeiladau Profi Dirgryniad, a elwir bellach 'y pagodau', a'u Hallgyrchydd. Dyma lle ganwyd y taflegrau Polaris cyntaf. Ym 1962, gyda cham terfynol yr adeilad, cyflwynwyd yr Arfdy Rhyfel, gyda'i do concrit o fowtiau baril, a'r Cyfleuster Effaith Galed, lle taniwyd arfau, heb eu craidd ymholltol, gan sled wedi'i bweru gan roced yn erbyn wal goncrit.

Nid oes ond ffin denau rhwng yr hen weddillion angof hyn o'r Rhyfel Oer, wedi'u gadael i'w hadfeddiannu gan natur, a'u cefndryd pensaernïol enwog, y plastai Modernaidd.

Mae cerdd Robert Macfarlane, 'Ness', yn dwyn i gof awyrgylch unigryw'r lleoliad hwn: 'Shingle shelters bunker, bunker shelters blast / Dark drifts down, night flies fast'. EG

Cyfleuster Ymchwil Atomig Orford Ness, Suffolk ·
Strwythurau profi milwrol · *Sefydliad Ymchwil Arfau Atomig (Cam 1: C.W. Glover & Partners, Cam 2: G.W. Dixon)* · 1954–69 · *Concrit atgyfnerthedig* · Prynwyd, 1993

Pan ddaw adeilad yn dirwedd

Yn un o'r strwythurau ieuengaf dan berchnogaeth yr Ymddiriedolaeth Genedlaethol, cwblhawyd Canolfan Ymwelwyr Sarn y Cawr (neu'r Giant's Causeway) yn 2012. Mae'n feiddgar ac yn hynod sensitif i'r byd o'i chwmpas. Mae'r waliau basalt du allanol uchel yn efelychu colofnau basalt y Sarn, a'r tu mewn, mae slabiau concrit enfawr yn caniatáu i belydrau o oleuni dreiddio i'r llawr a'r nenfwd. Mae pob arwyneb yn sgleinio, yn llyfn fel y graig a'r dŵr sy'n amgylchynu'r adeilad gosgeiddig hwn, sy'n anweledig o'r Sarn, gan ildio'n raddol i 'bibau organ' y golofn fasalt drawiadol.

Mae adeilad Heneghan Peng yn cyflawni'r cydbwysedd angenrheidiol rhwng natur agored, groesawgar a thynerwch ei effaith ar ei leoliad. Mae rhan o'r strwythur enfawr o dan ddaear, gyda'r to glaswelltog yn asio i'r dirwedd amgylchynol cyn gogwyddo i fyny'n sydyn, yn efelychu colofnau basalt y Sarn ei hun. Neu, yng ngeiriau'r penseiri, 'Nid oes adeilad a thirwedd bellach; daw'r adeilad yn dirwedd a phara'r dirwedd ei hun yn drawiadol ac eiconig'. EG

Canolfan Ymwelwyr Sarn y Cawr, Swydd Antrim ·
Canolfan ymwelwyr · *Heneghan Peng Architects* · 2012 ·
*Basalt, concrit, gwydr, to glaswellt · Adeiladwyd gan
yr Ymddiriedolaeth Genedlaethol, gyda chefnogaeth
cyllid allanol*

Rhestr termau

Adain groes · Ychwanegiad at strwythur ar onglau sgwâr i'r strwythur gwreiddiol, neuadd ganoloesol neu Duduraidd yn aml, fel yn Brockhampton Isaf. Roedd yr adain groes fel arfer yn gartref i siambrau preifat neu ystafelloedd gwasanaeth. Yn Nhŷ Clerigwyr Alfriston, tŷ 'Wealden', mae'r adenydd croes wedi'u cuddio o dan y prif do.

Addurnedig · Steil o bensaernïaeth Gothig drwy'r 13eg a'r 14eg ganrif a nodweddir gan ffurfiau addurniadol cylchol a chromliniol yn rhwyllwaith barrog ffenestri, a ddaeth yn gynyddol goeth. Tybir bod yr arddull hon wedi'i hatgyfodi gan G.F. Bodley yng Nghapel y Santes Fair, Clumber.

Alabastr · Carreg wen o raen mân a ddefnyddir ar gyfer cerfio. Mae'r Ystafell Melfed Gwyrdd yn Hardwick yn cynnwys paneli alabastr a charreg ddu. Mae gwaith alabastr trawiadol hefyd i'w weld yn y Neuadd Farmor yn Kedleston, sydd wedi'i seilio ar atriwm Rhufeinig, gyda cholofnau alabastr rhychiog, tal.

Ale groes · Adenydd ymwthiol adeilad eglwys sy'n cysylltu â'r corff, fel yn Abaty Fountains.

Arcadaidd · Tirlun naturiol ddelfrydol, yn aml yn cynnwys bugeiliaid, nymffau a chreaduriaid chwedlonol eraill. Mae Arcadia yn ardal yng nghanolbarth Gwlad Groeg, ac yn ôl yr hanes dyma gartref diniwed a digyffwrdd Hermes a Pan. Yn sgil hyn, defnyddiwyd yr ardal mewn diwylliant poblogaidd i ddiffinio lle o harddwch naturiol, a arweiniodd at yr Ardd Dirlun Seisnig, fel y gwelir yn Stourhead a Croome.

Arcêd · Cyfres o fwâu wedi'u cynnal gan golofnau, yn aml yn cynnal to dros rodfa wedi'i gorchuddio. Pan y'i defnyddir yn erbyn wal, at ddibenion addurniadol, fe'i gelwir yn arcêd wag. Mae Tŷ Adar Castell Powis ar ffurf arcêd, tra bod Maud Terrace yn Cushendun yn cynnwys arcêd wag sy'n estyn at ei bae ymwthiol canolog.

Ashlar · Gorffeniad bloc carreg, gydag ymylon wedi'u torri'n syth ac uniadau morter main.

Bae · Rhan neu is-ran o adeilad, fel rhannau ailadroddus ffasâd rhwng pilastrau ac ati, neu do rhwng cyplau; israniadau pensaernïol eglwys rhwng y bwtresi, colofnau ac ati.

Balwstrad · Rhes o gilbyst (neu falwstrau) yn cynnal rheilen law neu fel rhan o barapet, ac ati.

Bangorwaith a Dwb · Math o fewnlenwad wal wedi'i wneud o stribedi o bren, a elwir yn wdenni neu wiail, wedi'u cydblethu â ffyn a'i osod o fewn fframm strwythurol. Mae rendradau dwb, pridd a chalch wedyn yn cael eu rhoi ar y strwythur pren, gyda blew anifeiliaid, gwellt a deunyddiau llinynnog eraill yn cael eu hychwanegu i gryfhau'r gymysgedd. Fe'i gwelir yn aml mewn tai fframm

goed canoloesol fel yn Aberconwy, Brockhampton Isaf a Phlasty Little Moreton.

Bwthyn orné · Bwthyn gwledig wedi'i ddylunio, yn aml o fewn tirwedd Bictiwrésg, fel Blaise Hamlet ym mharc Castell Blaise, partneriaeth rhwng John Nash a Humphry Repton. Defnyddir gwellt, ferandas, agoriadau addurniadol bach a nodweddion 'bythynnaidd' eraill i ategu'r effaith, fel yn Derrymore.

Calch · Mae calchfaen mwynol yn cael ei roi drwy wahanol brosesau (gwresogi, hydradu) i newid ei gyfansoddiad cemegol i'w ddefnyddio at ddibenion adeiladu amrywiol, fel mewn morter, rendradau a phaent. Mae deunyddiau calch fel arfer yn anadladwy, sy'n helpu hen adeiladau i sychu'n naturiol heb ddal lleithder, ac atal llwydni rhag tyfu y tu mewn. Tan y 19eg ganrif, roedd pob adeilad yn cael ei adeiladu gan ddefnyddio morter, rendradau a phaent calch. Gwnaeth y Rhufeiniaid ffurf ar goncrit cynnar hyd yn oed gan ddefnyddio calch a lludw folcanig.

Cangell · Y gofod o gwmpas yr allor ar ochr dwyreiniol yr eglwys, weithiau wedi'i wahanu oddi wrth brif gorff yr eglwys gan sgrîn, grisiau, neu newid yn lefel y to. Mae hefyd, weithiau, yn rhan fwy addurniadol o'r adeilad. Mae'r gangell yn Abaty Fountains yn gartref i naw allor ac ar ffurf pâr o aleau croes. Mae enghreifftiau mwy

Chwith · **Pedairdalen** Hen Blasty Rufford, Swydd Gaerhirfryn.

nodweddiadol i'w gweld yn y Santes Fair Forwyn, Clumber, a Chapel y Drindod Sanctaidd, Staunton Harold.

Capan · Nodwedd addurniadol Gothig neu Glasurol ar frig colofn neu bilastr. Mae enghreifftiau Normanaidd yn Llys Horton, y naill ochr a'r llall i'r porth, ar ffurf clustog syml, wedi'i sgolpio rywfaint. Yn y cyd-destun Clasurol neu Neo-glasurol, diffinnir capanau yn ôl gwahanol arddulliau: Dorig, Ïonig, Corinthaidd, Tysganaidd neu Gyfansawdd. *Gweler* **Is-ddosbarthau Clasurol**

Ciwpola · Cromen neu dyred bychan ar ben strwythur er effaith bensaernïol, yn aml yn sefyll ar golofnau neu byst ac weithiau wedi'i gyfuno â chloch, cloc neu wylfa. Mae'r adeilad gwreiddiol yn Quarry Bank yn cynnwys ciwpola gyda chloch, ac mae stablau Wimpole wedi'u haddurno ag enghraifft drawiadol o dal.

Claddgell · Gofod tanddaearol (yn llwyr neu'n rhannol), fel crypt o dan eglwys.

Cnap · Nodwedd addurniadol wrth groestoriad gwaith asennu strwythurol, fel Cloestr Lacock, neu mewn nenfwd plastr addurniadol, fel Siambr Fawr Chastleton neu Ystafell Gerddoriaeth Castell Wray. Mae cnapau yn aml wedi'u haddurno gyda deiliach, arfbeisiau neu ffigyrau, fel yn y cnapau derw canoloesol hwyr yn Hen Blasty Rufford.

Conglfaen · Carreg nadd yng nghghornel wal neu adeilad, yn aml yn hir ac yn fyr am yn ail, yn bennaf i greu cornel gadarn a diogelu uniad a allai fod yn wan fel arall. Lle defnyddir deunyddiau cyferbyniol neu lle mae'r conglfaen yn ymwthio allan o arwyneb y wal, daw'n fanylyn addurniadol hefyd, fel yn Blickling, Uppark a Kingston Lacy.

Côr · Yr ardal mewn adeiladau eglwysig crandiach lle mae'r canu'n digwydd. Gall olygu'r un fan â'r gangell. Mae gan Abaty Fountains a Clumber gorau, ond fe'u hadeiladwyd tua 700 mlynedd ar wahân.

Corbel · Blocyn neu garreg ymwthiol, neu ddarn o bren sy'n cynnal trawst neu elfen strwythurol arall. Mae enghreifftiau gwych o'r Dadeni Gothig i'w gweld yn Llys Knightshayes. Gelwir rhes o gynheiliaid tebyg sy'n rhedeg ar hyd wal yn llinell gorbel. Mae llinell gorbel sy'n cynnwys bylchau y gollyngir teflynnau drwyddynt yn nodwedd amddiffynnol a elwir yn rhyngdyllau, fel y gwelir yng Nghastell Tattershall. Gall strwythurau cyfan gael eu hadeiladu ar egwyddor gorbelog, fel cyrn simneiau carreg, colomendai neu odynau.

Corinthaidd · *Gweler* **Is-ddosbarthau Clasurol**. Wedi'i nodweddu gan ei chapanau, sy'n dynwared dail acanthws, a welir ar weddau gogleddol a deheuol Kedleston, Teml y Gwyntoedd ym Mount Stewart ac Ystafell Groeso Felfed foethus Robert Adam yn Saltram.

Dde · **Is-ddosbarthau Clasurol** wedi'u darlunio yn *A History of Architecture on the Comparative Method* (18fed rhifyn, 1975, tudalen 1052) gan Banister Fletcher.

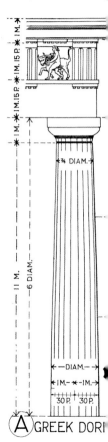

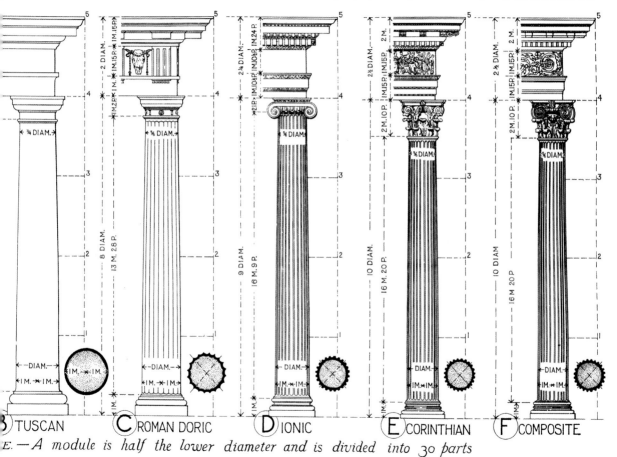

PROPORTIONS of the ORDERS after SIR W. CHAMBERS

B TUSCAN   **C** ROMAN DORIC   **D** IONIC   **E** CORINTHIAN   **F** COMPOSITE

E. — A module is half the lower diameter and is divided into 30 parts

Uchod · Y bloc stablau ar Ystâd Wimpole yn Swydd Gaergrawnt, gyda'i **giwpola** trawiadol.

Cornis · Bandyn uchaf ymwthiol goruwchadail Clasurol neu, yn fwy cyffredinol, fowld llorweddol ymwthiol sy'n 'coroni' strwythur neu'n nodi cysylltiad oddi mewn iddo, er enghraifft wal fewnol a nenfwd.

Cwplws · Cydran bren letraws neu grwm sy'n rhoi cryfder ochrol i strwythur to, lle cyfeirir ato fel ateg wynt, neu mewn adeilad ffrâm goed, fel yn Nhŷ Clerigwyr Alfriston. Yn Lytes Cary, Speke a Hen Blasty Rufford, mae gan y to sawl haen o ategion gwynt.

Cylchig · Ffenestr neu gilfach gylchol fechan ar gyfer cerflun, llechen wedi'i harysgrifio, tarian grog ac ati.

Cysegrfa · Yr ystafell mewn eglwys lle cedwir gwrthrychau cysegredig ac urddwisgoedd. Mae cysegrfa fynachaidd fawr wedi goroesi yn Lacock, mae enghraifft fwy diymhongar o'r Dadeni Gothig i'w gweld yn y Santes Fair, Clumber, ac mae cysegrfa gudd bitw yn Baddesley Clinton.

Cysylltfur · Mur o gwmpas castell, yn cysylltu'r tyrau neu'r tyredau a'r porthdy. Mae adeiladau a strwythurau yn aml yn cael eu hadeiladu yn erbyn ei wyneb mewnol, diogel, fel yn Bodiam. Gall y term hefyd gyfeirio at fur allanol, anghynhaliol adeilad Modernaidd â ffrâm, fel yr Homewood.

Deintell · Un o gyfres o flociau petryalog addurniadol, wedi'u pacio'n glòs i ddynwared rhes o ddannedd.

Dendrocronoleg · Dyddio cylchoedd coed i bennu oedran pren adeiladu. Gellir defnyddio'r dadansoddiad o batrymau cylchoedd tyfu, o gymharu â phrennau dyddiedig, i bennu dyddiadau cwympo penodol, ac felly ddyddiadau adeiladu, yn sgil y defnydd o goed derw gwyrdd (heb eu sychu). Mae llawer o leoliadau'r Ymddiriedolaeth Genedlaethol wedi'u dyddio drwy ddendrocronoleg, gan gynnwys Brockhampton Isaf, Tŷ Clerigwyr Alfriston, Tŷ Aberconwy a Springhill.

Dorig · *Gweler* **Is-ddosbarthau Clasurol**

Drysau tabwrdd · Drysau wedi'u gwneud o estyll cul, pren fel rheol, fel yn yr Homewood, neu ddur, ac sy'n llithro'n llorweddol neu fertigol mewn rhigolau.

Duo â mwg · Mewn neuaddau canoloesol, byddai'r tân wedi bod ar garreg aelwyd agored, ganolog yn hytrach na mewn lle tân gyda simnai. Roedd hyn yn golygu bod yn rhaid i'r mwg ddianc drwy dwll pwrpasol neu lwfer yn y to, fel yn Egryn, neu godi drwy fylchau yn yr adeiladwaith mewn anheddau symlach. Arweiniai hyn at staeniau huddygl ar brennau'r to, sydd yn aml i'w gweld o hyd mewn tai neuadd canoloesol, hyd yn oed ar ôl iddynt gael eu moderneiddio ac i simneiau gael eu hadeiladu, sy'n dystiolaeth o'u gwreiddiau hynafol.

Etrwsgaidd · Wedi'i ysbrydoli gan gelf gwareiddiad Etrwsgaidd canolbarth yr Eidal, a oedd ar waith rhwng y 10fed ganrif a'r ganrif 1af CC. Yn y Theatr Frenhinol yn Bury St Edmunds mae'r addurniadau paent yn efelychu'r hyn a welir ar gerameg Etrwsgaidd – ffiguraidd a llif iddynt.

Ffasâd · Un o wynebau allanol adeilad, fel arfer yr un lle mae'r brif fynedfa.

Ffris · Bandyn o addurn llorweddol o gwmpas ystafell. Mae enghraifft blastr arbennig i'w gweld o gwmpas yr Uwch Siambr Fawr yn Hardwick. Mewn pensaernïaeth Glasurol, y rhan ganol o oruwchadail sydd wedi'i gosod uwchben (neu weithiau rhwng) capanau colofnau, fel yn rotwnda Ickworth.

Gerwino · Wedi'i ddefnyddio'n aml mewn pensaernïaeth Glasurol, mae gwaith carreg

wedi'i erwino yn cael ei gerfio a'i batrymu i ymddangos yn fwy garw a chadarn. Roedd Inigo Jones yn un o selogion cynnar y grefft yn Lloegr, fel y gwelir yn ei Dŷ Gwledda o 1619, tra bod John Vanbrugh wedi defnyddio'r dechneg yn effeithiol iawn ganrif yn ddiweddarach yn Seaton Delaval. Fe'i defnyddiwyd ar gyfer strwythurau swyddogaethol, ac mae'n nodwedd gyffredin mewn isloriau, gan roi'r argraff fod adeilad wedi tyfu o'r ddaear. Mae'r porth sydd wedi'i erwino yn Nunnington yn ffurf eithafol ar erwino, mewn cyfuniad â manylion Neo-glasurol.

Goruwchadail · Adran wedi'i mowldio (gan gynnwys pendrawst, ffris a chornis) sy'n rhedeg yn llorweddol ar draws pennau colofnau mewn pensaernïaeth Glasurol, yn aml yn ffurfio sylfaen pediment, fel yn Nostell, Kedleston, Attingham a Chastell Coole.

Gothig-Duduraidd · Cyfnod o bontio rhwng arddulliau pensaernïol diwedd yr oesoedd canol ac oes y Tuduriaid. Mae'n ymddangos yn fwy cyffredin fel yr ysbrydoliaeth ar gyfer pensaernïaeth ddomestig y dadeni, gan ddewis a dethol nodweddion o'r cyfnod Gothig canoloesol a'r cyfnod Tuduraidd, er enghraifft Cragside a thŷ cychod Crom.

Chwith · Manylion gwedd allanol ganoloesol ffrâm bren Neuadd y Gorfforaeth Lavenham, Suffolk – enghraifft o **Fangorwaith a Dwb**.

Grisiau brain · Llinell addurniadol risiog ar hyd pen talcen, fel yn nhŷ cychod Castell Ward a cholomendy Willington, neu ar wal barapet, fel y gwelir yn Oxburgh.

Gwaith strap · Nodwedd addurniadol o bensaernïaeth y Dadeni a welir hefyd mewn celf a dodrefn ac a adlewyrchir mewn dyluniadau gerddi. Mae toreth o waith strap carreg addurniadol i'w weld yn Hardwick ac ar y sgrîn garreg hyfryd yn Neuadd Fawr Montacute. Mae enghreifftiau gwych mewn gwaith plastr i'w gweld yn yr Oriel Hir yn Blickling, gwaith y Meistr Blastrwr Edward Stanyon.

Gwardrob · Tŷ bach canoloesol, yn aml ar ffurf strwythur pren yn ymwthio i tu hwnt i wal gerrig neu siambr fechan o fewn trwch waliau cerrig castell, yn arllwys i garthbwll, ffos castell ac ati. Fe'i defnyddir hefyd i gyfeirio at gwpwrdd dillad.

Hogfaen · Mae Hogfaen Caint yn galchfaen llwyd caled a gloddiwyd yn ardal Maidstone ac a ddefnyddiwyd i adeiladu Knole. Mewn mannau eraill, mae'n cyfeirio at gerrig a gloddir mewn darnau tenau, a ddefnyddir fel arfer fel llawrlechi.

Ïonig · *Gweler* **Is-ddosbarthau Clasurol**

Is-ddosbarthau Clasurol · Dorig yw'r cynharaf a'r symlaf o'r is-ddosbarthau Groegaidd, gyda'r Ïonig yn dynn wrth ei sodlau, a nodweddir gan gyrn gafr neu 'foliwtiau', a'r Corinthaidd, lle addurnir y capanau gyda dail acanthws. Yn ogystal â'r tri phrif is-ddosbarth Groegaidd, mae'r Tysganaidd yn is-ddosbarth Rhufeinig syml a'r Cyfansawdd yn gyfuniad o'r Ïonig a'r Corinthaidd. Mae'r is-ddosbarthau'n diffinio trefniant penodedig o fanylion addurniadol o ben i waelod colofn, fel y gwelir mewn pensaernïaeth Roegaidd a Rhufeinig hynafol ac a gopïwyd gan y penseiri a ddatblygodd yr arddull Neo-glasurol, o Faróc hwyr Syr John Vanbrugh (Seaton Delaval), drwy Baladiaeth Robert Adam (Croome, Saltram, Kedleston) a James Paine (Nostell, Capel Gibside).

Logia · Oriel ar gyfer cerdded neu eistedd wedi'i lleoli y tu ôl i golonâd neu arced agored, naill ai fel rhan o adeilad neu fel strwythur ar wahân, er enghraifft y bont Baladaidd yn Prior Park. Yn Seaton Delaval a Chastell Coole, mae logias yn sefyll o boptu'r fynedfa fel coridorau cysylltiol.

Lleddfbetryal · Agoriad neu ofod siâp diemwnt mewn ffrâm goed, fel y gwelir ym Mhlasty Little Moreton, gyda phigynnau.

Llieinblyg · Dull cerfwedd bas Tuduraidd a ddefnyddir gyda phaneli pren i ddynwared ffabrig wedi'i blygu. Fe'i gwelir hefyd yn adeiladau'r Dadeni Gothig o'r 19eg ganrif, fel y Santes Fair, Clumber.

Llwydlun · Paentiad monocrom i ddynwared cerflunwaith basgerfwedd, fel y gwelir yn y Neuadd Farmor yn Kedleston a'r Fynedfa yn Attingham.

Mantell simnai · Ffrâm lle tân, sy'n aml yn addurnedig. Mae'r Ystafell Groeso yn Cragside

Uchod · Wedi'i haddurno yn yr arddull Celf a Chrefft, mae'r ffenestr **Oeuil-de-boeuf neu 'Lygad y tarw'** yn y Tŷ Coch, Bexleyheath, Llundain, yn dangos arwyddair William Morris, 'Si Je Puis' (Os gallaf fi).

yn cynnwys enghraifft arbennig o ddramatig mewn marmor o tua 1882 gan R. Norman Shaw. Mae weithiau'n ymgorffori elfen â ffrâm uwchben – y silff simnai.

Mudiad Celf a Chrefft · Ar ôl datblygu yn sgil anfodlonrwydd â mecaneiddio cynyddol a masgynhyrchiant gwrthrychau celf addurniadol, roedd y mudiad yn troi o gylch yr athronydd-ddylunydd William Morris, yr artistiaid Edward Burne-Jones a Ford Madox Brown, a'r pensaer Philip Webb. Credent mewn ffyddlondeb i ddeunydd, harddwch yn y swyddogaethol a didwylledd y gwneuthurwr a oedd yn ymrwymedig i'r broses, o'i dechrau i'w diwedd. Ymdrechasant i integreiddio celfyddyd gain a chelf addurniadol a rhoi'r un statws iddynt.

Isod · **silff simnai** gerfiedig yn y Parlwr Mawr ym Mhlasty Speke, Lerpwl.

Mae'r Tŷ Coch, Standen a Stoneywell yn enghreifftiau o'r Mudiad Celf a Chrefft.

Myliynog a chroeslathog · Bariau fframiau ffenestri mawr yn rhedeg yn fertigol a llorweddol, yn y drefn honno, rhwng y gwydr. Maen nhw'n ganoloesol yn bennaf, o arddull Duduraidd a Jacobeaidd, ond cawsant eu hatgyfodi gan y Mudiad Celf a Chrefft ac felly maent i'w gweld yn gyffredin heddiw mewn llawer o dai Fictoraidd maestrefol. Un adeilad a wthiodd y ffiniau, gan alluogi i lawer iawn o wydr gael eu defnyddio, oedd Plasty Hardwick. Mae Goddards yng Nghaerefrog yn enghraifft o'r dadeni Celf a Chrefft o'r 1920au.

Neo-glasurol · Arddull bensaernïol sy'n gwneud defnydd o elfennau arddulliadol o bensaernïaeth Roegaidd a Rhufeinig Glasurol, fel portico wedi'i gynnal gan golofnau, gyda addurniadau yn cynnwys swagiau, yrnau a cherflunwaith. Nododd yr arddull Neo-glasurol atgyfodiad yn y diddordeb mewn pob math o hen bethau. Mae enghreifftiau'n cynnwys Parc Attingham, Porth Hadrian yn Shugborough a Phorth Gorfoledd Stowe.

Oeuil-de-boeuf neu 'Lygad y tarw' · Ffenestr gron fechan sydd i'w gweld yn aml mewn pensaernïaeth Glasurol. Mae cyfres ohonynt i'w gweld yn y stablau yn Nhredegar yn ogystal â'r Tŷ Coch, Bexleyheath, o'r Mudiad Celf a Chrefft.

Paladaidd · Mae Paladiaeth yn un o is-grwpiau penodol y Neo-glasurol, yn dilyn dyluniadau ac arddull y pensaer o'r Eidal, Andrea Palladio (1508–80), fel y cofnodir yn ei *Quatro Libri del Architectura* (Pedwar Llyfr ar Bensaernïaeth), a gyhoeddwyd ym 1570. Mae'r nodweddion yn cynnwys cymesuredd, a welir yn y prif ffasâd yn Nostell, a'r rotwnda, fel yng Ngerddi Castell Wentworth a Phlas Croome, yn ogystal â dynwarediadau fel yng Nghwrt Paladaidd Lyme a Phont Baladaidd Prior Park.

Parapet · Darn o wal sy'n ffurfio terfyn isel sy'n rhedeg ar hyd ymyl to neu ochrau pont. Mae yn aml yn dyllog ac addurniadol fel balwstrad, fel yn Lanhydrock, Montacute, Hardwick a Lodge Park.

Pedairdalen · Nodwedd â phedwar llabed a ddiffinnir gan bigynnau rhwyllwaith carreg neu ffrâm goed mewn pensaernïaeth ganoloesol a phensaernïaeth y Dadeni Gothig. Fe'i defnyddir yn gyffredin fel manylyn addurniadol, fel yn ffrâm goed goeth Plasty Little Moreton a Hen Blasty Rufford, neu fel agoriad ffenestr – fel yn Abaty Buckland.

Pediment · Mewn pensaernïaeth Glasurol, talcen trionglog neu hanner cylch, yn aml yn ffurfio elfen uchaf portico neu agoriad arall.

Pediment toredig · Mewn pensaernïaeth Glasurol, nodwedd fframio addurniadol dros agoriad lle mae'r apig ar goll. Gall fod yn fwaog, fel y gwelir yng nghapel Belton, wedi'i rendro mewn pren sydd wedi'i beintio i efelychu marmor, neu'n drionglog, fel y gwelir dros y ffenestri yn Lodge Park a mynedfa'r stabl yn Nhredegar.

Perpendicwlar · Arddull o bensaernïaeth Gothig a ymddangosodd yn gronolegol ar ôl yr Addurnedig, o ganol y 14eg ganrif i ganol y 15fed ganrif. Mae'r enw'n deillio o'r bwâu gwastatach a'r llinellau fertigol nodweddiadol y mae'r rhwyllwaith, fowtiau ac addurniadau ffenestri'n seiliedig arnynt, yn hytrach na'r patrymau llyfnach a welwyd yn flaenorol. Mae cloestrau Lacock yn cynnwys peth o rwyllwaith Perpendicwlar gorau Lloegr.

Piano nobile · Prif lawr adeilad yn cynnwys ei ystafelloedd pwysicaf, fel arfer wedi'i ddyrchafu uwchben llawr is i ddynodi ei statws. Roedd y *piano nobile*, y cafwyd mynediad iddo yn aml ar hyd grisiau mawreddog, yn aml yn fwy uchel na'r lloriau eraill, gan greu nenfydau uwch i'w ystafelloedd derbyn gan felly bwysleisio ymhellach ei bwysigrwydd o'r tu allan.

Pilastr · Darn cul, ymwthiol o wal a ddyluniwyd i roi'r argraff bensaernïol o golofn wedi'i gosod yn erbyn wal fflat, neu o amgylch rotwnda. Mae Teml Mussenden wedi'i lapio mewn cawell o bilastrau Ïonig.

Piloti · Manylyn pensaernïol Modernaidd lle gosodir colofnau cul mewn patrwm grid i gefnogi llawr uwch. Dyfeisiwyd y term gan y pensaer Modernaidd o Ffrainc, Le Corbusier,

Dde · Yr enghraifft gynharaf o **bortico** (porth wedi'i gynnal ar golofnau) Neo-glasurol yng ngwledydd Prydain yw'r un a ychwanegwyd i'r Vyne, Hampshire, tua 1654.

y gwnaeth ei waith yn Villa Savoie ysbrydoli'r Homewood gan Patrick Gwynne.

Pinacl · Carreg bigfain neu dopwaith addurniadol pren. Yn gysylltiedig â phensaernïaeth Gothig ganoloesol hwyr, mae pinaclau yn aml i'w gweld ar eglwysi, fel yn y Santes Fair, Canons Ashby. Mae silwét Waddesdon wedi'i addurno'n helaeth â phinaclau, yn yr un modd â phafiliynau Montacute.

Portico · Porth agored i bob pwrpas, fel arfer wedi'i gynnal gan gyfres o golofnau mewn arddull a fenthycwyd gan demlau Clasurol fel y Parthenon. Mae'n nodwedd ddiffiniol o'r tŷ Neo-glasurol a ddaeth yn boblogaidd yn ystod y 18fed ganrif. Yn Seaton Delaval, mae'r portico o faint eithriadol, yn sefyll dros ddeulawr ac yn cynnig golygfeydd o'r dirwedd. Yr enghraifft gynharaf yng ngwledydd Prydain yw'r un a ychwanegwyd i'r Vyne, tua 1654.

Proseniwm · Colonâd o flaen golygfa o adeiladau mewn theatrau Groegaidd, a ddaeth yn fodel ar gyfer llwyfannau theatr modern, fel yn y Theatr Frenhinol yn Bury St Edmunds, ond a welir hefyd fel nodwedd bensaernïol mewn tai, er enghraifft yr Ystafell Wledda yn Erddig, a ailwampiwyd gan Thomas Hopper ym 1826–7.

Pytlog · Elfen lorweddol sgaffald pren hanesyddol. Mae tyllau pytlog yn gilfachau yn haenau isaf gwaith carreg a fyddai'n cynnal y prennau sgaffald yn ystod gwaith adeiladu. I'w canfod yn gyffredin mewn adeiladau canoloesol,

Uchod · Mae muriau allanol Tŷ Saltram yn Nyfnaint wedi'u gorchuddio â haen drwchus o **rendrad** calch a elwir yn **stwco**, gair sy'n tarddu o'r Eidaleg am 'blastr'.

maen nhw'n dystiolaeth o sut y cafodd yr adeiladau eu codi. Mae tyllau pytlog i'w gweld yn ysgubor fawr Great Coxwell o hyd, fel yn Old Soar Manor.

Rendrad · Haenen amddiffynnol, calch yn aml, a roddir ar wyneb allanol wal. Gall fod yn gymharol denau ar ffurf cotiau o wyngalch i wneud wal yn wrth-ddŵr ac anadladwy (fel y defnyddiwyd ers yr Oesoedd Canol ar adeiladau ffrâm goed a cherrig). Weithiau byddai pigmentau naturiol fel pridd neu waed anifeiliaid yn cael eu hychwanegu, fel yn Nhreleddyd Fawr, neu byddai'r gymysgedd yn cael ei gadael yn naturiol wyn, fel yn Brockhampton Isaf ac ysgubor llechwedd Townend. Mae rendradau mwy sylweddol fel stwco yn cynnwys haen lyfn, fwy trwchus o rendrad calch, a oedd yn ffasiynol yn y 18fed ganrif ac a welir yn Ickworth, Saltram a Springhill. Mae plastr garw yn cynnwys agregau i roi gorffeniad anwastad.

Rotwnda · Adeilad crwn sy'n wledd i'r llygad a'r glust (mae'r acwsteg yn ardderchog), er ei fod braidd yn anodd ei ddodrefnu. Yn nodweddiadol o bensaernïaeth a ddylanwadwyd gan Baladiaeth, mae rotwndâu i'w gweld yng Ngerddi Castell Wentworth, Ickworth, Teml Mussenden, Croome a Theras Rievaulx.

Rhosedi · Nodwedd gerrig addurniadol a ddefnyddiwyd yn helaeth mewn pensaernïaeth ganoloesol. Mae'r rhoséd, fel yr awgryma'r enw, yn addurn siâp rhosyn, fel y gwelir o gwmpas y porth o'r 16eg ganrif yn Llys Horton, neu yng ngwaith plastr grisiau Claydon.

Rhwyllwaith · Gwaith asennu carreg addurniadol croestoriadol mewn fowtiau neu ffenestri, sy'n creu patrymau geometrig a llyfn, er enghraifft yn y cloestrau yn Lacock. Mae enghraifft arall yn cuddio yng nghladdgell Castell Lindisfarne, sy'n awgrymu yr arferai'r gofod fod yn gapel o bosib. Mae i'w weld yn eang yn adeiladau'r Dadeni Gothig, fel yn Knightshayes a Tyntesfield.

Sieffrwn · Patrwm addurno igam-ogam, danheddog a welir yn aml mewn mowldiau Normanaidd. Yn Llys Horton, mae pen crwn y porth o'r 12fed ganrif ar y wedd ddeheuol wedi'i addurno â phatrwm sieffrwn. Defnyddiodd Thomas Hopper yr un patrwm 700 o flynyddoedd yn ddiweddarach yng nghastell Neo-Normanaidd Penrhyn.

Silff Simnai · Ffrâm neu banel addurniadol uwchben y fantell simnai, yn ffurfio rhan o'r ffrâm o gwmpas agoriad lle tân. Yn aml, roedd i fod yn ddatganiad pensaernïol mawr. Gwelodd yr 16eg ganrif a'r 17eg ganrif rai enghreifftiau arbennig o hardd a chain mewn carreg a phlastr aml-liwiog, fel y rheini sy'n addurno ystafelloedd ysblennydd Hardwick; fe'i gwelir hefyd yn Oriel Hir Gawthorpe, Neuadd Fawr Speke, Ystafell y Brenin yn Godolphin ac Ystafell Groeso Las Dyffryn (wedi'i chludo yno o leoliad arall).

Stwco · Rendrad o ansawdd uchel, a ddefnyddir yn aml dros waith brics i greu gorffeniad unffurf neu lle nad oedd digon o gerrig ar gael, neu os nad oedd y cerrig o ansawdd digonol. Mae manylion stwco i'w gweld ym mhortico Osterley ac yng ngorffeniad yr adeilad cyfan yn Saltram a Polesden Lacey.

Swag · Addurn sy'n dynwared lliain wedi'i hongian rhwng dau bwynt (mewn cyferbyniad â'r garlant, sy'n debyg ond yn cynrychioli blodau). Yn nodwedd gyffredin mewn gwaith plastr Neo-glasurol cerfwedd bas, mae swagiau cynnil niferus i'w gweld yn Croome yn Oriel Hir Adam a'r tu mewn i'r Rotwnda. Gall swagiau amrywio o rai cain, tlws, fel ar nenfydau Robert Adam yn Saltram, i'r cerrig cadarnach ym mhorth Blickling. Gellir gweld enghraifft Rococo rwysgfawr yng ngwaith plastr grisiau Sudbury.

Talcen Iseldiraidd · Talcen uchel yn ymgorffori cromliniau siâp-S unigryw i'r ochrau.

Topwaith · Elfen addurniadol sy'n pwyntio at i fyny ar frig neu yng nghornel strwythur fel parapet, piler gât neu dalcen, fel y gwelir ar do Seaton Delaval, ac ar ben y grib yn Nymans.

Twffa · Carreg adeiladu arw, ysgafn iawn. Mae'n aml yn folcanig. Mewn dylunio Clasurol, defnyddir twffa yn aml i greu gerwino pensaernïol mewn grotos neu nodweddion dŵr gerddi. Fe'i gwelir yn y grotos yn Stowe a Croome.

Tympan · Wyneb hanner cylch neu drionglog pediment, yn aml wedi'i addurno â cherflun. Hefyd, ardal uwchben agoriad o fewn bwa.

Tysganaidd · *Gweler* **Is-ddosbarthau Clasurol**. Is-ddosbarth Rhufeinig, o'r Dorig. Fe'i nodweddir gan oruwchadail syml, colofn a phennau crwn ac fe'i gwelir yn yr Obelisk Lodge yn Nostell a hefyd yn stablau Erddig, yn rhannu'r stalau, ac yn adfeilion rhamantaidd yr Orendy yn Gibside.

Dde · **Rhwyllwaith** mewn ffenestr yn Nhŷ Tyntesfield, campwaith o gyfnod **Y Dadeni Gothig** ger Bryste.

Y Dadeni · Cyfnod yn hanes Ewrop pan welwyd dadeni diwylliannol mewn perthynas â hynafiaeth Glasurol, yn bennaf o wareiddiadau Groegaidd a Rhufeinig yr henfyd, a welir mewn palasau gwych fel rhai'r Medici. Yn Lloegr, mae'r datganiadau pensaernïol ac artistig o'r dadeni hwn i'w gweld o tua 1550 mewn campweithiau pensaernïol fel yn Knole, Montacute, Lyveden a Hardwick.

Y Dadeni Gothig · Mudiad pensaernïol wedi'i ysbrydoli gan bensaernïaeth ganoloesol wa ddechreuodd yng nghanol y 18fed ganrif gyda dehongliad rhamantaidd o'r arddull y cyfeirir ati'n fwy cyffredin fel Gothig. Enillodd y symudiad fomentwm, gydag addurniadau mwy pigfain yn ymddangos drwy gydol y 19eg ganrif.

Cymerodd y dilynwyr, gan gynnwys G.F. Bodley ym Mhowis a Clumber, William Burges yn Knightshayes, a'r ddau Pugin (A.C. ac A.W.N.) yng Nghastell y Waun, elfennau o bensaernïaeth ganoloesol a'u hehangu neu eu hailddehongli. Yng Nghapel Tyntesfield, ysbrydolwyd y pensaer Arthur Blomfield gan yr arddull Gothig Ffrengig.

Ysgubor ddegwm · Ysgubor ganoloesol fawr a ddefnyddid i storio degymau (yn llythrennol, un rhan o ddeg o gnwd ffermwr), a gymerwyd gan yr eglwys neu'r llywodraeth fel treth. Mae ysguboriau degwm i'w gweld yn Knole a Middle Littleton, Lacock a Great Coxwell.

Lluniwyd gan Dr Elizabeth Green,
Simon Robertshaw a David Boulting

Mynegai

Cydnabyddiaethau

Mae'r awdur yn hynod ddiolchgar i George Clarke am ei gyflwyniad brwdfrydig ac i'r cydweithwyr hynny a gyfrannodd gofnodion i'r llyfr hwn: Frances Bailey (Uwch Guradur Cenedlaethol), Rupert Goulding (Prif Guradur Dros Dro), James Grasby (Ymgynghorydd Dylunio Adeiladau a Thirweddau), Sally-Anne Huxtable (cyn-Brif Guradur), Mark Newman (Archeolegydd), Stephen Ponder (Curadur Treftadaeth Ddiwylliannol), Lucy Porten (Uwch Guradur Cenedlaethol), George Roberts (Curadur Treftadaeth Ddiwylliannol), Simon Robertshaw (Ymgynghorydd Dylunio Adeiladau a Thirweddau) ac Emma Slocombe (Uwch Guradur Cenedlaethol). Rydym hefyd yn ddiolchgar i bawb y darparodd eu hymchwil, gwaith cofnodi a dadansoddi yn y gorffennol y sylfaen i'r cyhoeddiad hwn. Gwnaed defnydd helaeth o Gofnodion Treftadaeth, Cynlluniau Rheoli Cadwraeth, Arolygon Adeiladau Hanesyddol ac Arolygon Adeiladau Gwerinol yr Ymddiriedolaeth Genedlaethol, sy'n cynrychioli degawdau o wybodaeth gronedig am adeiladau hanesyddol yr Ymddiriedolaeth Genedlaethol.

Mae cronfeydd data adeiladau rhestredig Cadw, Is-adran Amgylchedd Hanesyddol Gogledd Iwerddon a Historic England hefyd wedi darparu gwybodaeth amhrisiadwy. Cydnabyddir â chynhesrwydd sgiliau cadwraeth ac ymrwymiad y rheini sy'n cynnal ac atgyweirio'r adeiladau sydd yng ngofal yr Ymddiriedolaeth, gan warchod ein treftadaeth.

Cydnabydda'r awdur hefyd yr aelodau amrywiol o staff yr Ymddiriedolaeth Genedlaethol sydd wedi gwneud y llyfr hwn yn bosibl, gan gynnwys y curaduron a rheolwyr casgliadau a thai a wiriodd ac a gywirodd yr erthyglau. Yn arbennig, rhaid diolch i Simon Robertshaw am ei gyfraniad sylweddol at y rhestr termau.

60 o Adeiladau Rhyfeddol yw'r llyfr cyntaf yn y gyfres hon i gael ei gyfieithu i'r Gymraeg, gyda chyngor a chefnogaeth gan Lhosa Daly (Cyfarwyddwr Rhanbarthol), Haf Davies (Ymgynghorydd Cyfathrebu a Marchnata) a Lottie Mazhindu (Rheolwr Ymgynghorol); a chan fanteisio ar greadigrwydd ac athrylith ieithyddol Steffan Rhys Williams, a gyfieithodd y testun.

Roedd y broses o ysgrifennu'r llyfr hwn yn bleser pur o achos amynedd a haelioni fy nghydweithwyr, yn arbennig Christopher Tinker, Cyhoeddwr Cynnwys Curadurol yr Ymddiriedolaeth Genedlaethol, a gomisiynodd y llyfr a goruchwylio'r gwaith golygu, dylunio a chynhyrchu; a David Boulting, Golygydd yn y tîm Cyhoeddi Treftadaeth Ddiwylliannol, golygydd y prosiect.

Rydym yn ddiolchgar i Matthew Young am ei ddyluniad clawr hyfryd; Anjali Bulley a Beryl Griffiths am brawfddarllen y llyfr; Dr J. Graham Jones a Christopher Phipps am eu mynegeio; a Richard Deal yn Dexter Premedia am y reprograffeg. Hoffem hefyd ddiolch i'r ffotograffwyr Leah Band, David Cordner a John Miller am dynnu lluniau newydd o sawl un o'r adeiladau a safleoedd dan sylw, a thimau'r gwahanol eiddo am gefnogi'r gwaith hwn.

Mae'r Ymddiriedolaeth Genedlaethol yn cydnabod gyda diolch gymynrodd hael y diweddar Mr a Mrs Kenneth Levy a gefnogodd y gost o baratoi'r llyfr hwn drwy raglen Cyhoeddi Treftadaeth Ddiwylliannol yr Ymddiriedolaeth.

YR AWDURON

Dr Elizabeth Green yw Uwch Guradur Cenedlaethol ar gyfer Hanes Pensaernïol a Chymru ac mae wedi bod yn guradur gyda'r Ymddiriedolaeth Genedlaethol ers 2002. Cyn hynny, treuliodd wyth mlynedd mewn practis preifat yn arbenigo mewn dadansoddi adeiladau hanesyddol ac ailddefnydd addasol. Ei phrif ddiddordebau yw pensaernïaeth ganoloesol, werinol a Chymreig, ac mae wedi ysgrifennu'n helaeth ar y pynciau hyn.

Mae **George Clarke** yn bensaer, cyflwynydd teledu, ymgyrchydd ac addysgwr. Yn 2020, er yr heriau a wynebwyd yn sgîl y cyfnod clo Covid-19 cyntaf, recordiodd y gyfres deledu *George Clarke's National Trust Unlocked* ar gyfer Channel 4, a ddarlledwyd yn ddiweddarach y flwyddyn honno. Mae ei gyfresi teledu poblogaidd eraill yn cynnwys *Restoration Man*, *George Clarke's Amazing Spaces* ac *Old House, New Home*.

Credydau lluniau

Gwnaed pob ymdrech i gysylltu â deiliaid yr hawlfraint mewn darluniau a atgynhyrchwyd yn y llyfr hwn, a chaiff unrhyw hepgoriadau eu cywiro mewn argraffiadau diweddarach os rhoddir gwybod i'r cyhoeddwr yn ysgrifenedig. Hoffai'r cyhoeddwr ddiolch i'r canlynol am y caniatâd i atgynhyrchu gweithiau y maent yn dal yr hawlfraint ynddynt:

Tudalennau 2, 4–5, 9, 14, 28, 64–5, 81, 96–7, 120, 168–9 © Lluniau'r Ymddiriedolaeth Genedlaethol/Andrew Butler • 6 © Amazing Productions • 8, 18, 70–1, 102–3, 108–9, 121, 150–1, 161, 166, 192–3, 206–7 © Lluniau'r Ymddiriedolaeth Genedlaethol/John Millar • 10 © Lluniau'r Ymddiriedolaeth Genedlaethol/Tom Carr • 12, 30, 125, 144–5, 152–3, 153, 178–9, 186 © Lluniau'r Ymddiriedolaeth Genedlaethol/John Miller • 15, 78–9 © Lluniau'r Ymddiriedolaeth Genedlaethol/Mark Bolton • 16–17, 22–3, 24, 36–7, 56, 69, 110, 134, 154–5, 157, 170 © Lluniau'r Ymddiriedolaeth Genedlaethol/Chris Lacey • 20, 188–9, 190–1 © Lluniau'r Ymddiriedolaeth Genedlaethol/Stuart Cox • 25 © Lluniau'r Ymddiriedolaeth Genedlaethol/Alison Marsh • 26–7 © Lluniau'r Ymddiriedolaeth Genedlaethol/Oliver Benn • 29 © Lluniau'r Ymddiriedolaeth Genedlaethol/Sylvaine Poitau • 31, 42–3, 44–5, 54–5, 106–7, 129, 130, 131 © Lluniau'r Ymddiriedolaeth Genedlaethol/Robert Morris • 32–3 © Lluniau'r Ymddiriedolaeth Genedlaethol/Sam Milling • 34–5, 58, 67, 72–3, 80, 84–5, 88–9, 117, 171, 174–5, 176, 177 © Lluniau'r Ymddiriedolaeth Genedlaethol/James Dobson • 38–9, 136, 138, 160 © Lluniau'r Ymddiriedolaeth Genedlaethol/Matthew Antrobus • 40, 41, 52, 126, 127 © Lluniau'r Ymddiriedolaeth Genedlaethol/Mike Selby • 46, 76–7, 104, 112, 147, 156, 201, 209 © Lluniau'r Ymddiriedolaeth Genedlaethol/Andreas von Einsiedel • 47 © Lluniau'r Ymddiriedolaeth Genedlaethol/Mike Calnan/Chris Lacey • 49 © Lluniau'r Ymddiriedolaeth Genedlaethol/Phil Neagle • 50–1 © Lluniau'r Ymddiriedolaeth Genedlaethol/Derek Croucher • 53 © Lluniau'r Ymddiriedolaeth Genedlaethol/Richard Scott • 57 (chwith), 148 © Lluniau'r Ymddiriedolaeth Genedlaethol • 57 (dde), 139, 140, 141, 142 © Lluniau'r Ymddiriedolaeth Genedlaethol/John Hammond • 59 © Lluniau'r Ymddiriedolaeth Genedlaethol/Derrick E. Witty • 60–1 © Lluniau'r Ymddiriedolaeth Genedlaethol/Paul Mogford • 62, 146 © Lluniau'r Ymddiriedolaeth Genedlaethol/Paul Harris • 63 © Lluniau'r Ymddiriedolaeth Genedlaethol/Paul Wakefield • 66, 101, 208 © Lluniau'r Ymddiriedolaeth Genedlaethol/Nadia Mackenzie • 68 © Historic Images/Llun Stoc Alamy • 74–5 Hawlfraint y goron/Atgynhyrchwyd gyda chaniatâd CBHC o dan awdurdod dirprwyedig gan y Ceidwad Cofnodion Cyhoeddus • 82–3 © Yr Ymddiriedolaeth Genedlaethol/Mike Henton • 86–7 © Andrew Lloyd/Llun Stoc Alamy • 87 © Yr Ymddiriedolaeth Genedlaethol • 90 © Lluniau'r Ymddiriedolaeth Genedlaethol/Colin Davison • 91, 115 © National Portrait Gallery, Llundain • 92, 94–5, 172–3 © Yr Ymddiriedolaeth Genedlaethol/Christopher Tinker • 93 © Lluniau'r Ymddiriedolaeth Genedlaethol/David Noton • 98–9, 132–3, 137, 149, 182, 210–11 © Lluniau'r Ymddiriedolaeth Genedlaethol/Arnhel de Serra • 100, 204, 212 © Lluniau'r Ymddiriedolaeth Genedlaethol/Rupert Truman • 105 © Angela Serena Gilmour/Llun Stoc Alamy • 111 © Lluniau'r Ymddiriedolaeth Genedlaethol/David Watson • 113, 114, 180–1 © Lluniau'r Ymddiriedolaeth Genedlaethol/David Cordner • 116 © Lluniau'r Ymddiriedolaeth Genedlaethol/David Levenson • 118–19 © Lluniau'r Ymddiriedolaeth Genedlaethol/Rob Skinner • 122 © Artokoloro/Llun Stoc Alamy • 123 © Bildarchiv Monheim GmbH/Llun Stoc Alamy • 124, 184, 185 © Lluniau'r Ymddiriedolaeth Genedlaethol/Dennis Gilbert • 128 Map Arolwg Ordnans o 1888 • 135 © Lluniau'r Ymddiriedolaeth Genedlaethol/Ian Shaw • 143 © Lluniau'r Ymddiriedolaeth Genedlaethol/Will Webster • 158–9 © Lluniau'r Ymddiriedolaeth Genedlaethol/Roger Coulam • 162–3 © Llyfrgell Delweddau Waddesdon/Stuart Bebb • 164 © Lluniau'r Ymddiriedolaeth Genedlaethol/Hugh Mothersole • 165 © Llyfrgell Delweddau Waddesdon/John Bigelow Taylor • 167 © Lluniau'r Ymddiriedolaeth Genedlaethol/Leah Band • 183 © Mike Cadwallader • 187 Yr Ymddiriedolaeth Genedlaethol/Kirk & Sons • 194, 195 © Yr Ymddiriedolaeth Genedlaethol/Jemma Finch • 196–7 © Heneghan Peng Architects/Marie-Louise Halpenny • 198–9 © Heneghan Peng Architects/Hufton + Crow • 202–3 © Casgliadau Sefydliad Brenhinol Penseiri Prydain • 214 © Lluniau'r Ymddiriedolaeth Genedlaethol/Stephen Robson

Clawr blaen, clocwedd o'r chwith uchaf: Colomendy Willington © Lluniau'r Ymddiriedolaeth Genedlaethol/Mike Selby • Teml Mussenden © Lluniau'r Ymddiriedolaeth Genedlaethol/Bernie Brown • Pwmp Gwynt Horsey © Lluniau'r Ymddiriedolaeth Genedlaethol/Justin Minns • Castell Penrhyn © Lluniau'r Ymddiriedolaeth Genedlaethol/Annapurna Mellor • Obelisk Lodge, Nostell © Lluniau'r Ymddiriedolaeth Genedlaethol/Chris Lacey • Plasty Little Moreton © Lluniau'r Ymddiriedolaeth Genedlaethol/Paul Harris • *Clawr cefn, clocwedd o'r chwith uchaf:* Goleudy Souter © Lluniau'r Ymddiriedolaeth Genedlaethol/Annapurna Mellor • Castell Bodiam © Lluniau'r Ymddiriedolaeth Genedlaethol/Matthew Antrobus • Plasty Blickling © Lluniau'r Ymddiriedolaeth Genedlaethol/Andrew Butler • Lyveden New Bield © Lluniau'r Ymddiriedolaeth Genedlaethol/Paul Wakefield • Odyndai, Sissinghurst © Yr Ymddiriedolaeth Genedlaethol/Christopher Tinker • Great Coxwell © Lluniau'r Ymddiriedolaeth Genedlaethol/Robert Morris

Cyhoeddwyd ym Mhrydain Fawr gan yr Ymddiriedolaeth Genedlaethol, Heelis, Kemble Drive, Swindon, Wiltshire SN2 2NA

Cyhoeddiadau Treftadaeth Ddiwylliannol yr Ymddiriedolaeth Genedlaethol

Rhif elusen gofrestredig 205846

ISBN 978-0-70-780466-8 (argraffiad Cymraeg)
ISBN 978-0-70-780465-1 (argraffiad Saesneg)

Mae cofnod catalog CIP ar gyfer y llyfr hwn ar gael gan y Llyfrgell Brydeinig.

10 9 8 7 6 5 4 3 2 1

Cyhoeddwr: Christopher Tinker • Golygydd prosiect: David Boulting • Cyfieithydd: Steffan Rhys Williams (argraffiad Cymraeg) • Prawfddarllenwyr: Beryl Griffiths (argraffiad Cymraeg); Anjali Bulley (argraffiad Saesneg) Mynegeiwyr: Dr J. Graham Jones (argraffiad Cymraeg); Christopher Phipps (argraffiad Saesneg) • Dylunydd clawr: Matthew Young • Cysyniad dyluniad tudalen: Peter Dawson, www.gradedesign.com

Reprograffeg gan Dexter Premedia Ltd, Llundain
Argraffwyd yng Nghymru gan Gwasg Gomer Cyf ar bapur FSC-ardystiedig

Rhoddir mesuriadau mewn ffurf fetrig ac eithrio lle bydd unedau imperialaidd, fel milltiroedd ac erwau, yn fwy cyfarwydd i ddarllenwyr y DU (1 filltir = 1.6 cilomedr, 1 erw = 0.4 hectar)

Darganfyddwch gyfoeth ein casgliadau – celf a thrysorau gwych i'w gweld a'u mwynhau ledled Cymru, Lloegr a Gogledd Iwerddon. Ymwelwch â gwefan yr Ymddiriedolaeth Genedlaethol: www.nationaltrust.org.uk/art-and-collections a gwefan Casgliadau'r Ymddiriedolaeth Genedlaethol: www.nationaltrustcollections.org.uk

HEFYD AR GAEL YN Y GYFRES HON

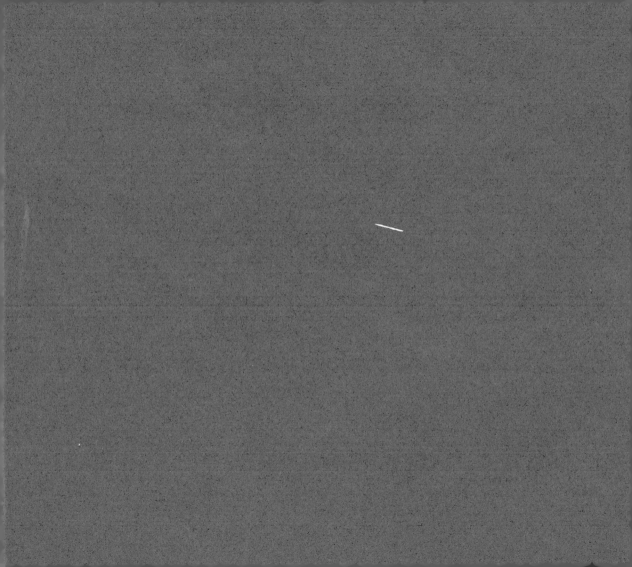